让孩子爱上写作

儿童写作理论与实践

常立霓 / 著

九州出版社 JIUZHOUPRESS | 全国百佳图书出版单位

图书在版编目（CIP）数据

让孩子爱上写作：儿童写作理论与实践 / 常立霓著 . —
北京：九州出版社，2021.9
ISBN 978-7-5225-0464-3

Ⅰ .①让… Ⅱ .①常… Ⅲ .①作文课 – 小学 – 教学参
考资料 Ⅳ .① G624.243

中国版本图书馆 CIP 数据核字（2021）第 178141 号

让孩子爱上写作——儿童写作理论与实践

作　　者	常立霓	
责任编辑	张皖莉	
出版发行	九州出版社	
地　　址	北京市西城区阜外大街甲 35 号（100037）	
发行电话	（010）68992190/3/5/6	
网　　址	www.jiuzhoupress.com	
印　　刷	北京九州迅驰传媒文化有限公司	
开　　本	145 毫米 ×210 毫米 32 开	
印　　张	9.75	
字　　数	230 千字	
版　　次	2021 年 11 月第 1 版	
印　　次	2021 年 11 月第 1 次印刷	
书　　号	ISBN 978-7-5225-0464-3	
定　　价	36.00 元	

给深受小学作文困扰的学生父母的几句话

这是一对母子的小学作文写作实录

这本书，记录了我和儿子常青在小学作文写作方面的探讨和实践。你们遇到的写作问题，我们也都遇到过：

学龄前儿童，要不要提前学习汉字？提前学好汉字，就能赢在起跑线上吗？看到作文题就抓耳挠腮，不知道写什么？老师批评作文不具体、不生动，但不知道从哪里入手？孩子写的作文为什么像流水账，幼稚无趣？读书也不少，可为什么还是写不好作文？摘录好词好句、记日记、背范文是不是提高写作的不二法门？孩子为什么越来越怕写作文？

怎么解决这些问题？有教育专家支招的，有《获奖作文选》提供范文的。

专家的招数一看就会，一做就废。专家说，要注意观察生活才能写好作文，但怎么观察，观察什么，观察所得又怎么进入作文，就很少有人手把手教我们了。

作文选呢，永远都是别人写得好。但这些佳作是怎样炼成的？可惜作文选没法提供给我们。有些孩子为了对付作文作业，抄袭作文选，如果作文选只能起到这个作用，那也是可悲的。况且以目前的选文标准，大多数作文四平八稳，甚至故作成人姿态。从文学意义上来讲，真正的佳作很少。与其阅读这些"佳作"，还不如揣摩品读一流作家的经典作品。让作家教孩子们写作，不是更好吗？

　　我在大学教授了二十年的写作课，遇到过形形色色的写作问题。大学生的写作习惯，已经根深蒂固，很难在短期内改变过来。如果说学生是教育流水线上的产品的话，那么，大学生就是流水线上的终端产品，终端产品的问题，要到源头上去找，这个源头，就是小学。陪儿子写作，让我有机会同时站在写作教育的起点和终点，思考中国孩子的写作问题。

　　交流写作，只是在我们母子之间展开。那么常青的写作会不会只是个案，我的一些儿童写作的想法，是不是主观武断？于是，就像相声演员创作了新段子，先要拿到小园子里去表演，然后根据观众反应来修改作品一样，我也常常会把书中一些看法拿到大学写作课堂上去讨论，试探大学生的反应，来验证是否具有普遍性。

　　当然，仅仅实录我们母子的写作经历，并不是这本书的目的。我真正的目的，是想与那些和我一样深受小学作文困扰的家长们分享一点写作经验，从而能对儿童的写作有一些启发和帮助。

这是一个大学中文教师的 5 年写作调查案例

　　常青是我的儿童写作研究对象。五年来，我近距离、长时期、跟踪式观察儿童写作：记录他随时发表的有关写作的想法，收集整理他的习作，分析我们写作时遇到的问题与瓶颈，观察不同年龄段可能呈现出来的写作状态。当我阅读了大量创意写作学、儿童语言学、儿童心理学、儿童哲学等方面的理论资料，再对常青习作进行分析，便有了许多惊人的发现：

　　比如每个年级儿童写作都有规律可循。常青热衷于写"猫"这个题材，我收集了他从二年级到五年级写"猫"的 4 篇作文，对其词句、修辞、结构细致比对，发现了不同年龄阶段儿童的写作特点。

再比如"流水账""语言幼稚"等问题。可能并不是因为你家孩子没有写作天赋，或者比别人笨，很可能这是低年级儿童认知、表达方面的普遍规律。认识到这一点，孩子遇到的许多写作问题，就迎刃而解了。

这是一个语文零基础孩子爱上写作的经验分享

书中的男孩儿，语文零基础。一年级时跟随访学的父母赴英国一年，中断了中文学习，回国后在短短的两年时间内，对写作产生了浓厚的兴趣。四、五年级，他废寝忘食地写作 2 万字的小说，同时也获得了一些重要的写作奖项。这个向来不争不抢、不急不躁，视竞赛、考试成绩为粪土的孩子，唯一一次自己主动报名参加的竞赛，就是作文大赛。他只说了一句话："因为我喜欢写。"

他用文字构建出自得其乐的世界，暂时可以从繁重的作业、成堆的卷子中逃离出来。他把写作当作一种休闲，一种释放。我告诉他，在写作中，你就是你作品的大王，全世界都得听你的，对，你的世界，你做主！因为喜欢写作而写作，这是我理想中的写作境界。

在我看来，这是个奇迹。它引起我的思考，是什么让一个只学了两年语文的男孩爱上写作，自发地写作小说？这本书里，我会谈到这个男孩子一些有趣、有效的写作经验。

我还会提到如何高效学习汉字，而不是让孩子在永无止境的抄写、默写、订正的机械训练中丧失对汉字的兴趣。

我会告诉你不同年龄段的孩子，应该运用不同的写作工具。识字不多的儿童在初学写作阶段，可以采用儿童口述，家长笔录的方式；掌握拼音后，你可以给儿童一个电脑，让他用电脑写作；当识字够多时，再开始书面写作。这些都是我在常青学习写作过程中积累的经验，后又经外国儿童写作研究资料的证实，的确能极大提高儿童的写作效率和自信心。

我还会谈到，摘录好词好句，是多么荒谬的写作准备。好的写作，不依赖好词好句，平凡的句子一样能散发出不平凡的魅力。不事雕琢的语句，真挚的感情，永远是最好的表达方式。

我也会引荐目前在欧美实践了很久的创意写作的一些理念，尝试把其中一部分运用到儿童写作当中，效果也相当显著。让写作变得像游戏一样好玩儿，破除写作中的种种禁锢，让儿童尽情享受用文字表达自己的快乐。

这是一本实用的小学生写作指导书

为了增加本书的实用性，每一节后面附有练习建议"教你一招"，既是对该节的总结，也是从常青的写作实践中提炼出来的写作经验。想必您的孩子也会喜欢上这些好玩儿又实用的写作练习。

还要说明的是，本书所谈及的写作，主要针对小学阶段的叙事文。至于论说文、说明文等其他体裁的实用性写作，与叙事性写作有着完全不同的、甚至相对立的写作规则。叙事文重在细节，目的在于传递图画、信息，感染读者，而论说文重在逻辑，目的在于传达观点、说服读者。所以本书的写作方法，主要指的是叙事性写作，即小学阶段的记叙文。

这不是一本30天速成的作文指导书，也不是一本披露写作秘籍的书。因为没有什么作文可以30天速成，也没有什么秘而不宣的写作秘籍，要说有，就是人所共知的那些写作规律。

这是经典文学作品示范，作家手把手教孩子写作的启蒙书

在大学，除了写作，我主要教授文学，借此阅读了大量文学作品。因为白天与学生赏析文学作品，晚上会和常青唠叨几句。有人曾经怀疑小学生能否读懂经典文学作品？我可以肯定地说，没问题，我们远远低估了孩子对文学作品的欣赏能力。也许他们暂时没有能力阅读整部作品，但相关的段落或者情节，完全可以拿出来与孩子交流。

我和三年级的常青一起阅读余华小说《我没有自己的名字》中长达一百多字关于"笑"的段落，他能很快领悟：原来好的表达，不一定要依赖成语或大量的修辞，素朴的语言就很有魅力。

我和四年级的常青一起赏析鲁迅的小说《铸剑》片段，他被三头相搏的场面所震撼，自己主动要求阅读整篇小说。

我给五年级的常青朗读萧红的小说《呼兰河传》片段，他能迅速感受到单调重复的语言风格背后透露的农民麻木的生活状态。

于是，在这本书中，我大胆尝试，把原本给大学生讲授的相关文学作品中精彩的语段、情节挑选出来，与儿童写作中的具体问题一一对应起来，作为范本，供小学生参考。让孩子从一开始写作，既知道普通的写法，又通过阅读名家作品了解高水平的写法。

写作的正途惟有一条：持续阅读经典与不断练习写作。阅读刺激了写作欲望，写作中又不断回过头来阅读，吸取养分，然后继

续写作。就这么简单，阅读与写作相互滋养。

最后，我想说说是什么原因促使我写下这本书。

当我看到周围友朋的孩子每每因为教条的作文教学而对写作心生厌恶的时候，当我与大学生交谈，惊悉不少同学在中小学模版化的写作训练中一步步丧失了对写作的兴趣的时候，我很心痛。

每个儿童的写作经历，正如每个儿童的成长一样，像射出去的利箭，没有回头的机会。我们母子的儿童写作体会，我想分享给与我同样曾经无措的、焦虑的父母们，祈望你们不会因为方法不当，而浪费时间、走弯路。

也有朋友发出疑问："我也知道应试作文不好，自由写作可以培养写作兴趣，但分数为王，我们更需要短平快式的应试写作。"您大可不必杞人忧天。试想一个孩子在浩瀚的大海里都遨游过，再让他到小水塘里，你还怕他不会扑腾吗？见过大海的孩子，可能具有更大的发展潜力。况且，写作并不仅仅为了考试，如果孩子爱上写作，将终身受益。当读四年级的常青说："妈妈，我知道老师想要怎样的作文"的时候，我知道，他能够处理好自由写作与应试写作之间的冲突。甚至有时他还抱怨老师限定字数太少，他无法畅快地写作文，因为刚开了个头，就已经四百字了。他说一提笔，就刹不住了。

这是一位关心儿童写作的母亲和一位喜欢写作的儿子之间，长达五年的关于写作的探讨之旅，这样说来，常青也应该是本书的作者之一。

2021 年 2 月 6 日于上海思源湖畔

目录

怎样识字，又快又好？

写作文，第一个拦路虎就是汉字。不认识汉字，写作无从谈起。那么，怎样算认识汉字了呢？一是**认读**，二是**会写**。

先讲讲"认汉字"。孩子从两三岁起，就能听得懂绘本故事了，当他听得滚瓜烂熟几能背诵的时候，就到了认读汉字最关键的时候——由语音向字形转换的阶段。比如怎样算是认识"笑"这个字了呢？一是听到语音"xiào"，二是想到语义"露出愉快的表情"，三是看到"笑"这个字的字形。当语音、语义、字形三者都能对应起来时，就算是认识"笑"这个汉字了。

可惜，常青在认字方面，走了弯路。幼儿园临睡前，常常要讲故事给他催眠。我独自拿着书给他念，他听着听着就睡着了。但有一段时间，他经常打断我的朗读，指出哪里多读了一个字，哪里少读了一个词。这个细节并没有引起我的重视，工作一天太累，只想赶紧哄他睡着。后惊觉我错过了孩子识字很重要的一个阶段：语音与字形的见面。也就是说，通过睡前阅读，他已经明白"xiào"这个读音，也懂得"笑"这个字的意思，但我唯独没有给他看"笑"长什么模样，错过了认识"笑"的字形的最好时机。

所以家长们在亲子阅读时，一定要邀请孩子和你一起看读本，一边朗读一边用手指滑动文字。这样，孩子才能把汉字的**语音、字形、字义**对应起来，为日后书写汉字打好基础。

再说说"写汉字"。在书写汉字之前，儿童已经能够认读许多汉字了。汉字笔画多，规律又少，在各类文字体系中，是出了名的难写。虽然英文单词数量惊人，但无论怎样变化，也变不出26个字母去。

我们的汉字就不一样了，每个字都是独立的，只得一个字一个字去认。但几十年来，小学生识字教学中，主要依靠反复抄写、默写、订正的机械强化记忆，浪费了孩子大量宝贵的时间，磨灭了孩子对汉字的兴趣。如果再加上惩罚性抄写，更是雪上加霜，增加了孩子对汉字的恐惧与厌恶。每每看着孩子一遍遍抄写、订正，仍旧频频出错的时候，我便想，到底有没有一种方法，让孩子学习汉字又轻松又有趣，效率又很高呢？

你真的识字吗？

记得一则引起网友非议的新闻。某大学迎新条幅上把"热烈欢迎"误写成了"热列欢迎"。校长随后的解释，却激起了更大的舆论风潮："我们欢迎大家是不掺水分的，所以才将'热烈'写成'热列'。"殊不知，"烈"下面的四点，本不是水之意，而是火之意。这就是对汉字之根完全不了解，想当然去理解。其实不独某大学校长，我们绝大多数中国人，从不深究汉字的长相与原理，认为笔画写对就算认识汉字了。

父亲讲他小学学习汉字的故事。那是在 50 年代西北偏僻的乡村，老师编个顺口溜儿教认字，"一人肚子大，怀了四个娃，怀了十个月，到底没生下。"这是个"伞"字。老师一边念，一边一笔一画写，因为形象有趣，易读易记，孩子们很快就认会了这个字，经久不忘。六十多年过去了，父亲还能清楚记得老师怎样解析这个字。

常青小学反复写错的字，有时我会帮他分析字的结构，以便于分辨和快速记忆。二年级时遇到形似字："密"与"蜜"，书写时屡次出错，我数度告诉他如何区分？一个部首是"山"，山如堂室，因为堂与室的距离很近，所以"密"表示距离近，一个的部首是

"虫"，那么与虫有关的一定是飞禽走兽喽。可惜效果不明显，过了很长一段时间，他终于能分清这两个字了，但我搞不清楚是强化书写还是我反复强调起的作用。我猜想因他年纪小，汉字积累少，加上没有拆字习惯，一时不能消化。

到六年级，拆解认字法明显奏效了。"鞠躬"中的"鞠"，原来每写一次，就错一次。后来给他详细介绍了这个字的由来，"鞠"相当于古代的足球，用皮革做的，所以有个"革"字旁，右边的"匊"，是这个字的发音。他立即领会，以后再不出错了。上初中后，聊到足球的历史，一说到足球的前身，是古代的玩具"蹴鞠"，无需更多解释，他就明白了。

当发现用拆解汉字的方法学习汉字很有效之后，我找来了瑞典汉学家林西莉的《汉字王国》，预备给常青读一读。后来发现这本书故事性比较弱，又偏向一点学理，对于小学生来说，太难了。引诱了好几次，他就是不上钩。偶尔抓他过来，翻到一页，介绍部首："隹"，短尾巴鸟的意思。这之后，但凡遇到与鸟有关的字，比如雀、雕、雁、集、隼……，他都能很快辨识并记下来这些字。以上这些，都是常青学习过程中摸索到的零散做法。直至他小学毕业后，我才清晰意识到，原来学习汉字，要讲究方法。

虽然常青不感兴趣，但我发现自己很快迷上了《汉字王国》。读后感喟，自以为认识许多汉字，原来这四十多年来我根本就不认识汉字，我只是认识一些笔画搭建的符号罢了。这些符号并不是冷冰冰的、呆板的、没有感情、没有生机的汉字，它们有温度、有故事、有画面。看着这些字，好像跨越了时空，在和几千年前创造文字的祖先聊天。

比如"好"字，透过这个字的构造，你可以猜想我们老祖宗的价值观。怎样就算"好"呢？一个人有了女人和孩子就算生活得不错呢？还是一个女人和自己的孩子在一起就感到幸福呢？还是这个女人能生孩子，就很好呢？使用了几十年的汉字，其实我对它们一无所知。我发现自己与汉字打了四十年交道，仍旧是个文盲。

在我的求学过程中，从来没有教师从拆字的角度教过我们汉字。小学阶段没有拆解过汉字，到了初高中，我们已经会写汉字了。因为对汉字太过熟悉，熟悉到我们以为汉字本来就应该是这个模样，从来没有追问过，汉字为什么长成这个模样？林西莉 20 世纪 60 年代来中国，吃惊地发现：作为中国人，即使是受过高等教育的知识分子，对自己的语言的根却知之甚少，会认会写，但大多数人都不知道这些汉字的来历和演变。

汉字，是赏析古典文学的基础，汉字学扎实了，初高中的古文才可能理解得通透。比如"鳏"这个字，你不觉得好奇吗？为什么表示丧妻老人的字有个部首"鱼"呢？看起来是不是风马牛不相及？一查《说文解字》，明白了。"鳏"，是常年不闭眼睛的一种鱼，金文中的"鱼"字（），就突出了它睁大的眼睛。再想想，可不是嘛，丧妻之老人，夜不成寐，辗转反侧，暗自垂泪。读懂了这个"鳏"字，日后课文中再读到唐代诗人元稹《遣悲怀·其三》中的诗句"惟将终夜长开眼，报答平生未展眉"，就理解得更透彻了。诗人思念亡妻、悲悼自己，一句"惟将终夜长开眼"，既切中了这个词的原意终夜睁眼不眠，又暗指自己是丧妻的"鳏夫"。

比如《木兰诗》中的"出门看火伴，火伴皆惊忙"，孩子们读到这里就觉纳闷，是不是写错了？不应该写作"伙伴"吗？怎么和"火"有关系了呢？"伙伴"一词意为"古兵制十人为火，共灶起火，故称同火者为火伴。"这就能解释得通了。看来，伙伴不是随随便便的关系，是一起上战场，在枪林弹雨中生死与共的同道。

"家"字，意为房子里养了一头猪。为什么古人认为家里有猪，代表幸福温暖的家呢？这关系到人文地理学知识。猪、羊、牛，人类成功驯化的三大家畜。伊斯兰教禁食猪肉，部分原因是中东可供饲养猪的淀粉类食物较少，气候炎热，不宜养猪；印度教禁食牛肉，因季风气候影响役畜数量，因此要保存牛这样珍贵的役畜；对于中国来说，选择猪，非常符合农业耕种情况，粮多猪多，猪多肥多，肥多粮多，形成良性循环。

汉字，是走进传统文化的一把钥匙。如果不在中国文化背景中识字，如果不懂得这些字的前世今生，如果不了解造字的道理，不管认识多少汉字，其实还是个"文盲"。

跟着老祖宗识字

儿童识字，为什么要从老祖宗造字说起？西方"重演论"学派认为儿童身心方面的成长，是在一步步重演人类历史：从赤身裸体爬行到直立行走，从直观感性到理性思辨，从遵从天性无序自由到受到教化遵守规矩……我在辅导常青写作时也发现，儿童学习语言的过程，简直是人类语言发展的浓缩史。弄明白了老祖宗怎么造字，我们就能顺着他们的思路来认字。

老祖宗造字，"近取诸身，远取诸物。"先给身边熟悉的事物起名字，再命名远处不熟悉的事物。比如"日""月""星""空"先造出来，因为我们最熟悉。那么儿童认字，也要先从身边事物开始。

接下来就是怎么把身边或远处复杂的物象变成抽象的文字了？老祖宗们想了许多办法。

最基本的方法就是实物描摹，事物什么样儿，尽量描摹成什么样儿，这就是"**象形字**"。像"火"的甲骨文，就是火焰的图像。认象形字，就像看图画一样，孩子非常容易接受。象形字几乎都是"独体字"，像"日""月""水""土"等，囫囵一体，不能再拆分。

随后问题就来了。毕竟能直接描摹的事物很有限，象形字仅仅能表达一些简单、直观的事物，数量很少，远远不够用。于是我们的老祖宗又想了一个办法，把这些象形字合在一起，造出了大量的"合体字"。

有些字，没有可见的实物去描摹，比如"饥"，它只是一种感觉，没有对应的实物，无法按照实物的样子画出来。于是把有限的独体字"食"与"几"组合成合体字"饥"。前者代表字义，后者代表读音，创造出新的字来，这一类字就是"**形声字**"。请牢牢记住它们，因为形声字在咱们汉字中占了87%。我们可以用这个方法拆解绝大多数汉字，帮助孩子理解、记忆汉字。

除此之外，还有一些别的造字法，所占比重不大，略微知道即可。会意造字法，"笔"的两个构件"竹"、"毛"，分别表示"笔杆"和"笔毛"，组合在一起表示写字的工具；还有指示造字法，"刃"，刀上一点，像手指着一把刀弯曲的部分，告诉别人，这是刀刃。

啰唆祖宗造字的几大法宝：象形、形声、会意、指示等，目的是追根溯源，弄明白这些字是怎么诞生的，孩子们便能按图索骥，认字与写字就变得既有趣又容易了。

跟着《晚清识字课本》识字

从慢到快加速识字

汉字是个大家庭，有些字的人缘就特别好，很受其他字的喜爱，人人都想和它做朋友，和它组新字儿。这类人缘好、易组字的字我们叫它"独体字"，比如"手（扌）、足、水（氵）、月"。"独体字"和其他部首组合的字，叫"合体字"，比如挑、跳、海、胖。既然知道了老祖宗怎样造字，那么我们在教孩子的时候，就可以把这些字拆解拼装着玩儿。

我读书时，念过私塾的老师顺口说，"肚"这个字是"肉月旁"，我就有点诧异，那不是月亮的"月"吗？怎么跟肉有关，为什么叫肉月旁？但并未深究。后来帮儿子一起记忆生字的时候，又发现许多与身体有关的汉字，都有个"月"字旁：肝、胆、脾、肺、肠、胃、脐、胳、膊、臂、膀、胱、腿、臀……不禁想起老师说过的"肉月旁"，赶紧查阅，恍然大悟。原来在古文字中，"肉"和"月"本来是两个字，因其小篆字体相近，索性叫作"肉月"旁。如果讲"月"字时，能慢下来，细细讲解，把它讲深讲透，这能为以后学习以"月"为偏旁的大量合体字，打下扎实的基础。

篆体字"肉"

篆体字"月"

还比如独体字"人"以及由此演变出的部首"亻",是组字超人。与人的活动息息相关的一些字,多少和它有些关系。学习"人"字,可以先让孩子观看甲骨文𠂇,像一个人垂臂直立的侧面形象,然后小篆𠃌,像一个人弯腰在地里忙活的样子,并结合这一字形让学生了解我国是个农耕国家。这样的讲解不仅生动有趣,也让小学生接触了中国文化常识。同时,还可以告诉学生,"人"的变体"亻",也表示一个人的形象。当学生再次遇到带有构件"人"或"亻"的汉字时,就能更快地理解字义。

像"人"这样特别活跃的、构字能力特别强的独体字,就应该挑选出来,花大力气先学习。父亲也讲到五十年代语文老师教"從"字,正是从"人"这个偏旁及变体来讲的,"两个大人真大人,两个小人真小人,一个人不像人,一个人强装人。"很快便记住了。

如果先将独体字分析拆解,让学生对其印象深刻,之后认字速度自然就提升了。比如"水"字。一年级接触的时候,可以用一节课的时间来讲。到了二、三年级,"河""海""洋""流""池""汤"等与"水"部首有关的字,放在一齐集中学习,一节课可以学习十多个字。再到高年级,学生掌握的构件越来越多,自主分析的能力越来越强,识字速度就更快了。这个识字过程是慢慢加速的。

遗憾的是,有些不愿意输在起跑线上的家长,把学龄前儿童送进识字强化班,一个月认2000字。其实低年级学生如果吃透了基本字,越到高年级,识字越容易,效率越高。所以识字量应该随着年级升高,由少到多才符合认字规律。

著名语言学家高名凯说,"如果我们认了一两千个方块汉字就可以读懂或写好一般的文章，这其实不只是我们认了一两千个方块汉字，而是因为我们懂得了这一两千个方块汉字如何代表词，如何在不同的情况下代表不同的意义，如何在不同的配合里当作不同的词素用；事实上，在这种情形之下，我们已经学过了几万个词，甚至于几十万个词。"这意思是说，真正的认字，不仅仅会笔画，要对字意、字的运用、字形的构成等都很熟悉。俗话说，磨刀不误砍柴工，基本构件识认透彻了，那么认识一个字，可以带动认识一组汉字。这就是高名凯所说的，看似认了一两千个字，实际上相当于我们已经学了几万个字词。

但很可惜，我们目前的语文教材，在生字学习方面似乎还没有特别明晰的思路。单体字、合体字、常用字、非常用字、组字能力强的字、组字能力弱的字，在现在的语文教材中，还看不到明显的区分。

仅以部编版语文教材一年级第一册"识字表"中的生字为例。"画、棋、桌、纸、数、旗、莲、音"等笔画多的合体字，使用频率不高，根本不必选入生字表。"哥、姐、弟、叔、爷"等组字能力也不强，笔画又繁杂，也不适合一年级来学。反而一些原本应该放入的构字能力强的字"金""木""土"，却没有选进识字表。

从简到繁分级识字

这样说来，文字像兄弟姐妹，我们应该排个序，谁老大谁小弟，哪个字先学，哪个字后学，要经过文字学的分析，再科学安排。常用的、笔画简单的、组字能力强的字，就是老大，先学；用得少、笔画复杂的字，后学。这就是"分级识字"。

晚清时期学生识字课本《澄衷蒙学堂字课图说》（以下简称《字课图说》），通行了百余年，多少大学者认字，都始于这本书。它的选字排序很讲究，不是逮着哪个字学哪个字，而是先浅后深，先具象再抽象，由简入繁，由常用到非常用，把字分成初级字、二级字。

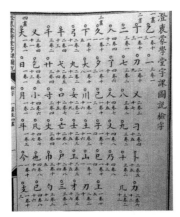

《澄衷蒙学堂字课图说》检字表，字头标 "o" 的为初级字，先学，不标 "o" 的为二级字，后学。

我们注意到有些字顶上标有符号 "o"，有的却没有。标有符号 "o" 的，是初级生字，共选了 1000 个。教师先把这些字写在黑板上，学生一一依照笔画抄写，然后老师讲解，最终能够使儿童"心境融彻，口说了然"，初级字就算学好了。

字顶不标 "o" 的，是二级字，也就是较深较难的、不太常用的字。在儿童掌握了 1000 个初级字之后，既能写又能理解，心地开明的前提下，再来学习二级字。如书中收入表示"时间"的生字，并不是一上来就学习，而是根据生字的深浅分为两级词汇。

先学初级词汇"世、代、年、岁、春、夏、秋、冬"，再学笔画较多、运用频率又不是很高的次级词汇"晦、昔、夙、昃"。

我们的语文教育，至今还是比较笼统，缺乏分级意识。孩子多大开始认字，多大开始写字，几岁阅读什么读物，完全没有专业的指导。出版的图书，更是没有分级意识，导致孩子读书繁杂，家长茫然无头绪。有位孩子读书早，小学就熟读《红楼梦》等经典，在他还未开始真正体验百态人生、理解复杂人生的时候，已经在书中看到了"人生皆虚幻"。没有明确的阅读指导，没有书籍分级，造成了很多问题。目前生字生词的教学中，也是一样，没有科学的分级方法，认字效率低下。而《澄衷蒙学堂字课图说》在百年前已经在汉字分级分类方面做出了有益的尝试。

相类相近字一起识

1. 汉字"家族"

既然我们知道了有一些字的构字能力特别强，如果以这个字为核心构成的一群汉字，像是一个大家庭，那么我们一个家族一个家族的认字，是不是更容易一些呢？

《字课图说》完全按照字族安排汉字出场顺序。"雨"字后面，罗列的是"露""雲""霞""霧""霜""雪""霰""電""雷""霆""震"等。这些字，均带有"雨"字头，以"雨"这个部件为核心，就组成了一个字族。人们对整理好的、系统的、集合式的事物记忆起来更容易。

反观我们的《小学生字典》。汉字顺序按照拼音排序排列，第一页都是发"a"音的字，但"阿""腌""呵""锕"这些字除了发音相同，彼此之间没有任何关系。20 世纪 70 年代语言学家吕叔湘就曾抱怨说，我们的儿童用了 10 年时间 2700 多个课时来学本国语文，大多数却不过关，就是因为没有建立起常用汉字识记系统。

你可能会感到奇怪，先学哪个字，后学哪个字，有什么关系呢？这个关系，可就大了。我们目前学习汉字，是随文识字，也就是在每篇课文中抽取出来一些字放在生词表重点学习。这样的好处是，字词放在具体的文章中，便于理解意思。但带来的问题是，生词选择带有很大的随意性，生字生词零散，没有章法。孩子认识汉字，没法循序渐进，又费时间又费力气。二年级生词表上的某些字词可能比四年级生词表上的还要难，而低年级生词表上出现的词可能在高年级生词表中又反复出现。以上海小学语文课本①为例。五个年级上下学期加起来共计十册，生字表上的四字词 411 个，重复的 42 个，重复率竟高达 10%。"小心翼翼"分别在二年级、三年级、五年级上、五年级下的生词表中重复出现了 4 次。"亭亭玉立"在一年级、四年级、五年级的生词表中共出现了 3 次。还有"兴高采烈"和"郁郁葱葱"也反复出现了 3 次。这正是挑选生字生词过于随意导致的。

部编版语文教材似乎终于注意到了这个问题。编者称，生字的安排从字频角度确定字的先后顺序，并且考虑字的结构，哪些字先学，有利于孩子理解与记忆。《部编语文教材》一年级上册前 15 课生词表所列的"人、火、文、月、目、马……"都是独体字，笔画简单。但编排上仍旧差强人意，字与字之间关系松散，形不成聚类关系。

---

① 上海小学语文课本，上海市中小学课程改革委员会，上海教育出版社，2015 年 5 月。

事实上，字频最高的汉字只有 1000 个左右，只要孩子掌握了 1000 多个汉字，就能读懂比较浅显的文章。按照这个思路，如果我们把出现频率最高的汉字归为一些字族，帮助学生在字族中识学汉字，是不是效率能提高很多呢？

2. 形近字组成"临时家庭"

小学大量的语文作业都涉及填写近义字（词）、反义字（词），那么我们在认识生字的时候为什么不能把近义字与反义字当作一种特殊的字族，放在一起学习呢？

"从、化、比、北"几个字字形比较相似，它们通过把"人"字变换位置来创造新字。林西莉在《汉字王国》中这样拆解：

两个人，一个跟着一个，是"从"字。

"从"字

金文中的"化"字。左边构件是侧视的行走人体，意为活着的人，右边构件是倒置的人形，意为生命完结的人。通过一个活着的人和一个倒立的人这两个形体的组合，表示生与死的变易，强调客观事物发生、发展和灭亡的自然规律。

"化"字

"北"，两个人背靠背，开始是"背后""背面"的意思，后来有了表示方向之意。寒冷的西伯利亚大风和春天蒙古高原的黄色沙暴都来自北面，中国的民居都是坐北朝南的，人们为了保护自己就要背对着它们。故北面代表后边、背后、黑暗、寒冷。

"北"字

这样一拆解，在认识样貌差不多的汉字时，特别有效。如果不讲清各个字的原理，仅靠死记，效率十分低下。

教你一招：

1. 学前识字，真能赢在起跑线上吗？

学前识字，与上学后的语文水平，尤其是写作能力，没有太大的关系。上幼儿园前，有些孩子在补习机构里 2 个月学习了 2000 个汉字，速成的汉字，并非真正了解汉字。基础不扎实，尤其不是通过阅读、写作，灵活运用这些字，那他认识的，只能是死文字。关于识字，家长们别着急，只是时间问题，给孩子足够的时间，一回生二回熟，见的字多了，自然就会了。

2. 阅读系列图书识字

建议选择成套的书籍阅读，尤其是分级的系列书籍，比如《不一样的卡梅拉》《哈利·波特》等，从易到难，可以陪伴孩子很长时间。其带来的好处太多，仅从识字来说，这些书籍都围绕着几个主要人物展开故事，由简到繁、由浅入深，随着阅读的深入，孩子对人物越来越熟悉，越来越感到亲切。写作的句式、偏好的字句、讲述的语气、设计的场景等，都能让孩子在一个熟悉而亲切的整体氛围中，经过阶梯式阅读，潜移默化熟悉核心词语以及不同语境中词语的用法。

3. 分类分级识字

认字，尤其初期认字，不贪多求快。慢慢地、细细地讲，并不会影响识字进度。建议在教孩子认字的时候，对汉字进行适当的拆解，讲述汉字前世今生，能达到以一抵十的识字效果。尽量先学笔画少的字、单体字、直观的象形文字，后学笔画多的字、合体字、抽象的文字。

在期中或期末阶段性复习汉字的时候，家长可以帮忙把部首相同的字放在一起学习，既有利于对一个家族的字加深印象，还能分辨相近字，不易写错。

4. 学点构字知识

家长可适当读一两本有关汉字故事、解析汉字一类的书。比如本书中提到的林西莉《汉字王国》、晚清的识字课本《澄衷蒙学堂字课图说》就很好，不需要多专业，了解一点就行。

以上这些做法都能引起儿童对汉字的兴趣，并且能够使儿童对每个汉字背后的文化有所了解，在以后运用这些词语的时候，更加得心应手。词语真正从心中来，而不是从抄写的"好词好句"中来。此举还能为孩子以后初高中的古诗词、古文学习打下一个坚实的基础。

什么是"好词"?

"飞岛国"废除词语之后……

如果人类没有语言，会怎么样？《格列佛游记》里讲了这样一个故事：飞岛国语言学校的三位专家，建议废除词语。因为人们讲话时要用气息，会侵蚀肺部，从而缩短寿命。这样一来，和别人说话时，只能说到什么，就用手指一指了。说到大树，就指指大树，说到热，就擦擦汗。于是，废除词语后的飞岛国居民是这样说话的：两个人在街上聊天，每人都背着一大捆东西，里面装着他说话时要指示给对方的物品。说话时，就会放下担子，打开背包，整整谈上一个钟头，聊完天，再把谈话工具收起来。

把词语扔掉，人们还能好好说话吗？以物示意，让我们仿佛又回到了人类创造语言之前交流的窘境。用手指示物品，可以进行一部分谈话，但有些事物就没办法指给别人看，因为它是我们虚构出来的。比如孩子对于"前天""后天"两个词就感到困惑。现实生活中没有对应的实物，你没法把"后天"这种东西拿出来让孩子看。而像"苹果""碗"这些实物，就在手边，孩子能直接感知词语所指代的事物。

称呼别人，我们有两组词。一组是"妈妈""爷爷""宝宝"，一组是"你""我""他"。但为什么孩子先学会的是前一组呢？原因很简单，"妈妈""爷爷""宝宝"是实指。那个扎着马尾辫、穿着白色长裙、笑起来眼睛弯弯的、身上飘散着孩子熟悉的味道的女人，是"妈妈"。但"你""他"可就不一样了，任何一个站在孩子面前的人，都可能会被称作"你"和"他"，孩子理解起来自然就很困难了。爸爸对小朋友说："去喊你爷爷吃饭"，小朋友转身对着爷爷说："你爷爷来吃饭。"

这样看来，词语就是替代事物的符号。当说到某物或某人的时候，即便它不在附近，或者完全是虚构的，双方只要明白这个符号代替的事物，就足以畅快聊天了。

你有没有注意过，孩子常常发出连锁式问话：

妈妈：我心里难过？

孩子：难过是什么意思？

妈妈：难过就是心里不舒服？

孩子：不舒服是什么意思？

妈妈：就是不痛快。

孩子：那什么是不痛快呢？

……

为什么你的解释，孩子总不满意，要打破砂锅问到底呢？因为表达感情的词语多无实在对应物，你只能用一个词去解释另一个词，直至撞到孩子恰巧理解的那个词，他才会停止发问。而孩子知道的词越少，你的解释难度就越大。就像《现代汉语词典》解释"胖"的意思，就是"不瘦"，"瘦"的意思呢，就是"不胖"。但如果一个人既不知道"胖"也不知道"瘦"，那他就没有办法理解这个词语了。当儿童掌握了足够多的词汇时，你们的谈话就不必兜这么大一个圈子了。

儿童语言是天然的好词好句

"只要开花儿，花儿就快乐。"

常青二年级刚开始学写作文，每次都需要我陪伴，我自然是信心满满，小学二年级作文，有何难哉！作文题为《我为班级做贡献》。常青平时手笨脚笨、慢条斯理的，老师就派给他扫地的活儿。当然，即使这么简单的活儿，他也完成得不利索。这倒不提，关键是扫地这么朴实的活动，实在写不出什么花样儿来，我建议咱们写养花儿吧。因为最近我突然对养花有了兴趣，一激动买了七八盆回来，然后它们相继惨死在我的"关爱"下——喝水过多被胀死了。常青勉强同意了我这个想法，那就开始吧，我主导，一步步引导他该写点什么，他再依从我的意思口头组织语句。当要表达"花儿被晒蔫儿了"这个意思时，我不假思索地就扔出来一句："我看到花儿已经奄奄一息了。"我正为自己用了个四字词而在小子面前挣足了母亲的威严而得意的当口儿，常青有些拿不定主意地看着我："妈妈，我能不能让花儿自己说：'快，快，我渴死了，快给我水喝。'"

瞬间，我就如醍醐灌顶、当头棒喝：他的表达要比我的有趣、有力多了。更要紧的是，这是属于孩子的表达，而我的"奄奄一息"，在常青这个句子面前就显得毫无生趣。作为成人，我已经失去了一种可贵的能力：与大自然息息相通的能力，而孩子却天然具备这种能力。

在儿童世界里，没有彼与此、主观与客观、高等与低等的区分。常青小时候拿着一只塑料小鹿玩具，一次次执着地把小鹿放在地上，并且命令他："小怒怒（鹿鹿），见急（站直）"。在孩子眼中，万物都是有生命的，哪怕是一支笔，一个南瓜，他都会认真地和它们交流，就像和人类交流一样。

我和常青的这个故事，恰巧在美国儿童哲学家马修斯的《与儿童对话》中得到了印证与阐释。他分别组织成人和儿童（8岁到

11 岁年龄不等）讨论同一个问题："花儿会不会快乐？植物能彼此沟通吗？"。结果表明，小孩比成人拥有更自如的想象力，他们很自然就说出以下的话：

1. 植物用开花表示快乐，低垂表示不快乐。

2. 如果你砰的一声撞到它们，它们不会哭，也许会有些伤痕，然后慢慢死掉。

3. 植物能够体验到快乐，因为正在做喜欢做的事情，做好能做的事情，没有时间去思考这个快不快乐，对于花朵来说，开花就是他们的快乐了。

4. 植物也许可以彼此交谈，例如用无线电波什么的，或者用飘来飘去的尘土。

同样的问题，向成人提问，结果就不同了。在成人看来，植物是没有欲望的，更不会表达情感。即使假设植物有欲望，成人也要用比喻或拟人方式代说植物的欲望。所以在孩子那里是自然的表达，在成人这里就要用修辞。修辞是成人在丧失了对事物直接感知能力之后的权宜之计，孩子很少刻意使用比喻或拟人，在他们看来，甲乙之间不是"甲像乙"，更多的是"甲是乙"。这样说来，常青眼中的花儿既有口渴了想喝水的欲望，也有用卷曲叶子来暗示主人该浇水了的意图。而在我的眼里，植物没有欲望，因为它没有心灵和感情，植物也不会沟通，因为它没有语言。

现代诗人穆旦写过一首有关初春的诗《春》，与古典诗作写春完全不同。他是这样写的：

> 绿色的火焰在草上摇曳，
>
> 他渴求着拥抱你，花朵。
>
> 反抗着土地，花朵伸出来，

当暖风吹来烦恼，或者欢乐。

如果你是醒了，推开窗子，

看这满园的欲望多么美丽。

小草是火焰，还是绿色的火焰，有谁见过绿色的火焰吗？没有。"绿色的火焰在草上摇曳"，"哗"的一声，小草一下子就有了生命，热辣辣的灼热的生命力。这个绿色的精灵，被赋予了一系列强烈的、求生的动作："渴求"着"拥抱"花朵、"反抗"着土地……"看这满园的欲望多么美丽"，你看，谁说植物没有欲望呢？

"笑得我的心都要碎了！"

这样看来，世界还是蛮荒诞的。当我们用笨拙的方法教孩子修辞的时候，孩子已经在用修辞表达世界了。要成为作家，就要先学会用孩子的眼光重新打量世界，未经雕饰的少儿语言，每句都是诗。

有个孩子，说话特别逗，拉粑粑，边拉边兴奋地对妈妈说："妈妈，妈妈，**粑粑从火车道里开出来了**"。作为成人，恐怕早已丧失了这样的表达方式，因为成人知道，身体里根本没有什么火车道。一个正在长牙的幼儿吃饭的时候，弄得身上沾满了饭粒，奶奶说："你看，你是一个'饭人'"，孩子就乐了，说"哈哈哈……**笑得我的心都要碎了。**"成人永远用伤心得心碎了，孩子突然说笑得心碎了。打破语言常规，又合情合理。为什么心就一定是因为伤心才碎呢？

我们总说童言无忌，这个"忌"，就是无所"顾"，儿童的语言还未被成人世界干扰，浑然天成。各种高级修辞手法，什么通感啊、象征啊、比喻啊，就是孩子的本色语言，而我们总是火急火燎要将成人那套枯燥、抽象、乏味的语言强加给孩子。一个孩子能像大人一样说话，少年老成，我们就觉得他很聪明。

这像极了《庄子》中的一个故事。有个叫浑沌的帝王，不生七窍，好朋友倏和忽觉得人人都有七窍，唯独浑沌没有，就帮他凿出七窍，最后七窍生而浑沌死。学习知识的过程，可能就是部分想象力衰退的过程。有一位小朋友学画画。兴趣班的老师说太阳的形状是圆的，这个原来时而把太阳画成愁眉苦脸的菱形老爷爷、时而把太阳画成花瓣儿样的六角形的孩子，自此之后，就只会画圆形太阳了。老师正是用成人世界的知识过早地剥夺了孩子的想象力，代替了孩子的想象力，实际是从发现艺术的眼睛变成了平庸的常识。大多数的作文中，太阳的色彩，永远都是金色的、火红的，是希望与光明的象征。但诗人北岛就有诗句："**绿色的阳光在缝隙中流窜**"。当别人都写红太阳的时候，你却写成绿色的太阳，一定很特别。《哈利·波特》里就这样写过，"**他拼命想睁开眼睛，可是飞旋的绿色火焰让他感到眩晕**"。看到吧，这就是艺术的变形，不是对客观事物的描摹。

"你去，把晚上换成白天。"

常青总有用不完的精力，老觉得玩的时间不够，每到临睡前，必有一番挣扎。某天晚上，平常耐心的爸爸也忍无可忍了，斥责他说："晚上天黑了，就应该睡觉。"没想到常青冲着爸爸怒吼道："**你去，把晚上换成白天。**"他难道不知道白天和晚上是不可能互换的吗？但孩子的内心就住着一个艺术女神缪斯。未经雕琢的语言，天马行空的语词连接，都是一个诗人难得的品质，难怪要说"愤怒出诗人"呢！只要家长留心，适当引导，积极鼓励，孩子就能写出让你意想不到的绝妙句子来呢。古人说，"人生不满百，常怀千岁忧，昼短苦夜长，何不秉烛游？"常青的一声"你去，把晚上换成白天"的呐喊，是不是道出了和古人一样感喟时光短暂的心声呢？

拥有一个孩子一样的头脑与眼睛，是作家最渴望的。打破一切常规，用好奇的眼光打量世界。有个作家叫韩少功，他就想，为什么我们总要用量词"个"来表示人呢，这多没个性！他开始琢磨了，如果胖子呢，我们就说**"一块胖子"**，如果瘦子呢，我们就用**"一条瘦子"**，那多有趣、多形象呢！如果你总说植物绿油油的，那多无聊，可恰好有一个作家说"墙角里摆着一盆杀气腾腾的宽叶绿色植物"，是不是这植物不仅茂盛，还很有气势？

"坏词"的魅力

"把玫瑰花叫作别的名称，它还是照样芳香。"

这么看来，词语在生活中、写作中，相当重要。大多数语文老师都强调，作文中要用好词好句，甚至要求将好词好句摘录下来背诵，以备作文之用。我们每个人可能都有过摘录好词好句的经历，但仔细想想，写作文的时候，躺在你摘录本里的好词好句，用了吗？用了多少？对于提高写作，到底有多大帮助呢？既然词有好坏之分，那怎么判断呢？哪些词能被荣幸地请进摘录本，哪些词被打入冷宫，不受待见？我想大多数人都有一个直感：四字词比二字词好，成语比一般四字词好，形容词比名词华贵，副词比动词颜值高，复杂句比简单句好，比喻句、拟人句比"名词＋动词"这样清汤挂面式的句子更高级。

人分三六九等，难道被我们创造出来的词句也分好坏吗？难道词语"玫瑰"就比"骸骨"更好吗？但法国诗人波德莱尔的名诗却写道："天空注视着这鲜花般绽放的 \ 美妙的骸骨。\ 那臭味如此强烈，你简直 \ 快要晕倒在草地上"。"玫瑰"不会因为你叫它"臭虫"而失去它的美丽与芳香。莎士比亚说："名字有什么关系？把玫瑰花叫作别的名称，它还是照样芳香。"

词语只是人们为了交流方便而发明的代表事物的一个符号罢了，它本身并没有什么好坏、高低、贵贱之分，关键在于你用得好不好，妙不妙。李清照一句"应是绿肥红瘦"。"肥"和"瘦"，普通得不能再普通的两个字，却被李清照用来状写风雨之后的植物：叶子被雨水浸润得亮透饱满而显得丰腴，花儿却因凋零而变得清瘦。绿叶肥而红花瘦，简单的联想，就把其貌不扬的"肥"与"瘦"两个字点燃了，燃烧得熠熠生辉，胜过无数用力过猛的四字词语。

背诵好词好句，无异于缘木求鱼，让孩子误以为好作文必须要有华丽的词汇，这将儿童写作引向逐本求末的歧途。我在大学教写作时，大学生们就认为自己写作的主要问题是语言太朴实，不够华丽。你不妨留意一下经典作品，即便华丽，也是由朴素的语言置放在一起产生的丰富的阅读感受，而不是多么花哨的词语。

不用"好词"，照样开怀写"笑"

常青语文作业要积累关于"笑"的词语，我们七嘴八舌汇集起一堆词儿："奸笑、狞笑、傻笑、前仰后合、捧腹大笑、眉开眼笑……"当时觉得孩子并没有真正理解这些词语，灵机一动，我们又玩儿了一个游戏。一家三口，一个人做一种笑的表情，其他人猜猜这是狞笑、奸笑、苦笑、傻笑还是狂笑。常青玩得特别开心，通过表演，让他爱上了并且理解了各种款式的笑。

笑声刚刚落下来，我转而告诉他，这些都是关于"笑"的好词好句，但有的作家写"笑"，却不用一个关于"笑"的好词好句。我找来余华的小说《我没有自己的名字》中一段关于"笑"的内容，和他一起朗读。

有一天，我挑着担子从桥上走过，听到他们在说翘鼻子许阿三死掉了，我就把担子放下，拿起挂在脖子上的毛巾擦脸上的汗水，我听着他们说翘鼻子许阿三是怎么死掉的，他们说是吃年糕噎死的。吃年糕噎死，我还是第一次听说，以前听说过有一个人吃花生噎死了。这时候他们向我叫起来：

"许阿三……翘鼻子阿三……"

我低着头"嗯"地答应了一声，他们哈哈笑了起来，问我：

"你手里拿着什么？"

我看了看手里的毛巾，说："毛巾。"

他们笑得哗啦哗啦的，又问我："你在脸上擦什么？"

我说："擦汗水呀。"

我不知道他们为什么这样高兴，他们笑得就像风里的芦苇那样倒来倒去，有一个抱着肚子说：

"他——还——知道——汗水。"

另一个靠着桥栏向我叫道：

"许阿三，翘鼻子阿三。"

他叫了两声，我也就答应了两声，他两只手捧着肚子问我：

"许阿三是谁？"

我看了看他，又看了看旁边那几个人，他们都张着嘴睁着眼睛，他们又问我："谁是翘鼻子许阿三？"

我就说："许阿三死掉了。"

我看到他们睁着的眼睛一下子闭上了，他们的嘴张得更大了，笑得比打铁的声音还响，有两个人坐到了地上，他们哇哇笑了一会儿后，有一个人喘着气问我："许阿三死掉了……你是谁？"

我是谁？我看着他们嘿嘿地笑，我不知道该怎么说。

余华在短短的一段文字中摹写了各种姿态的笑。或者模拟各种笑声："哈哈""嘿嘿""哇哇""哗啦哗啦"，或者用动作来表现"抱着肚子""张着嘴睁着眼睛""闭上眼睛"，但就是没用一个四字词。

余华小说中不用关于"笑"的四字词

四字词语	余华的句子
前仰后合	他们笑得就像风里的芦苇那样倒来倒去。
捧腹大笑	有一个抱着肚子说。
眉开眼笑	他们都张着嘴睁着眼睛。
哄堂大笑	我看到他们睁着的眼睛一下子闭上了，他们的嘴张得更大了，笑得比打铁的声音还响。

作家为什么不选用四字词语，而要费去如许笔墨来描述呢？

因为四字词多为概述，而文学作品重在描摹。对于刚刚开始写作的孩子来说，"描摹"比用好词好句"概述"更为重要。为什么有人的作文写得干巴巴的，因为他可能一句"村里人都在嘲笑我"就算交代了以上内容。怎么嘲笑的呢？没有展示出来，读者看不到、感受不到。让语言回到语言本身，就是让孩子像作家余华这样用语言直接展示。其实，这也恰恰是孩子们最擅长的。

余华已经穷尽了各种"笑"态，但人物若能"笑"出各自的性格来，是不是就更厉害了呢？《红楼梦》第四十回讲到憨笨蠢大的刘姥姥在大观园被捉弄，惹得一众小姐们大笑，这段关于"笑"的描述，堪称文学史上不可逾越的经典：

贾母这边说声"请"，刘姥姥便站起身来，高声说道："老刘，老刘，食量大似牛，吃一个老母猪不抬头。"自己却鼓着腮不语。众人先是发怔，后来一听，上上下下都哈哈的大笑起来。史湘云撑不住，一口饭都喷了出来，林黛玉笑岔了气，伏着桌子嗳哟，宝玉早滚到贾母怀里，贾母笑的搂着宝玉叫"心肝"，王夫人笑地用手指着凤姐儿，只说不出话来，薛姨妈也撑不住，口里茶喷了探春一裙子，探春手里的饭碗都合在迎春身上，惜春离了座位，拉着他奶母叫揉一揉肠子。地下的无一个不弯腰屈背，也有躲出去蹲着笑去的，也有忍着笑上来替他姊妹换衣裳的，独有凤姐鸳鸯二人撑着，还只管让刘姥姥。刘姥姥拿起箸来，只觉不听使，又说道："这里的鸡儿也俊，下的这蛋也小巧，怪俊的。我且肏攮一个。"众人方住了笑，听见这话又笑起来。贾母笑得眼泪出来，琥珀在后捶着。

不仅每个人的笑态不一样，而且短短几句，每个人的身份、性格跃然纸上。湘云爽朗不拘小节，笑得喷饭；黛玉身子弱，笑得岔了气；宝玉处处受到老太太的疼爱，笑得滚到贾母怀里，撒娇卖乖，可见被疼爱之深；王夫人笑着，却不失态，仍保持着尊贵的身份，不说话只用手指着凤姐儿；惜春因年纪小，笑得肠子痛，拉着奶母叫揉一揉肠子；而下人呢，即使笑，也不能放肆，还要注意身份贵贱，地下的无一个不弯腰屈背，躲出去蹲着笑去。众人笑得有性格、有身份、有尊卑。这就是高手，不着一个成语，不用一个修辞句，却把笑写活了。

游戏也玩儿了，书也读了，气氛相当热闹了，顺势给常青布置了一个任务，我们第二天都在各自单位或学校观察别人的笑。晚餐时，我已经忘记这件事情了，常青还记得。向我详细描述了同学笑的时候，如何看见一个深邃的黑洞，黑洞有红色的地毯……说得很不错，他口述，我记录，因为这时他会写的字儿还不多。写好以后，我再读给他听，他很兴奋，发现自己也能"写"出有意思的笑来。

四字词膜拜症

小学语文教育中，四字词语的待遇似乎总比其他词语高。学习时是重点学习内容，考试时是重点考察内容。尤其写作文时，用上几个四字词语，就好像很有文采，立马被另眼相待。

年 月 日　　　　星期 天气

美丽的南湖

今夕天下午，我来到白鹤森林公园玩耍。一到台阶那儿，虽然没有闻闻到清香，却看见了桂花树上一大片繁荣的……景象。没有了秋日盎然开放的桂花，但有嫩绿色的叶子。再往上走，就看到了南湖，南湖位于太校集团的西北面，大致呈扇形，三面环山，一面是下坡路。只见南湖岸边姹紫嫣红，青色的小草，绿色的柳叶，五彩缤纷，六色色花儿，都像观看足球赛一样聚拢来。花儿有许多不同的种类与颜色，有红色的杜鹃花、黄色的迎春花、深紫色的干枝梅……争奇斗艳，花香迷人。

花草映掩映的南湖，无风时，水面平静得像一面大镜子；有风时，水面上像挂了列着鱼鳞一样，美丽极了。清澈的水中，只见鱼三五成群地游来游去，每条鱼约长10厘米左右，宽不到半厘米米。就在的我观察得起

19×18=342

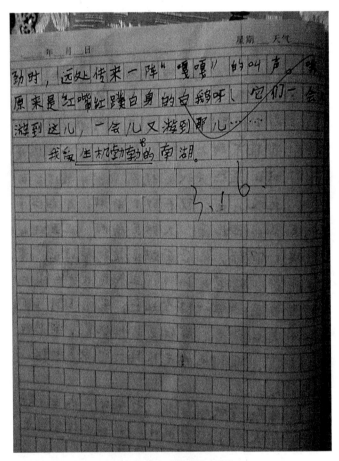

四年级作文《美丽的南湖》

这是一篇四年级孩子的日常作文。完全符合老师的要求，祖国山河壮美、情绪积极乐观，开头简单介绍，中间铺展，结尾拔高，典型的三段式。尤其醒目的是，老师还专门把四字词语划出来，作为加分项："盎然开放""姹紫嫣红""五颜六色""争芳斗艳""花香迷人""三五成群""生机勃勃"。我们似乎能从那一个个跳跃的红色笔迹背后看到老师欣喜的笑容。还有老师们钟爱的比喻句:"花草掩映的南湖,无风时,水面平静得像一面大镜子;有风时,水面上像排列着鱼鳞一样,美丽极了"。但我很怀疑批阅作文时,如果一味去寻找四字词,再逐一数过来加分,是否还能有阅读的快感。虽然得了优,还因为四字词语用得多加了 8 分。但从这篇作文中,我丝毫看不到孩子欣喜的灵魂、欢快的心灵。事实上,这个孩子也不喜欢写作,视写作为畏途,每每遇到写作文就抓耳挠腮,愁眉不展,作文不是写下来的,是凑字数凑下来的。我想这种变相的累积四字词语的写作方式,放在谁身上,都不会认为是一件愉快的事情。

我们为什么总是崇拜四字词语呢?它的确有许多二字、三字词语所不能比拟的优势:一是听觉美。四个字组成的词,成双成对,读起来一抑一扬一顿一挫,平仄相间,十分匀称,顺口和谐;二是视觉美。中国的审美美学讲究对称,四字词语多由两对相近或相反的词组成,有对称美感。我们最早的古代诗歌集《诗经》就是以四言为主;三是文化信息含量大。许多成语、四字词语,是从中国传统文化经典中浓缩、传承下来的,包含着特别丰富的文化信息,能达到以少胜多的简洁效果,尤其在撰写议论文等实用文章的时候,言简意赅又意味深长。但在小学生的记叙文中,我以为,一味推崇、无节制地使用四字词语,不仅不能使文章增色,反倒使文章逊色不少。

我们看看某报纸发表的一篇四年级作文《我的家乡——江西》的部分段落:"江西的风景可美啦!瞧,庐山高耸挺拔,鹤立于群山之中。山上雨水丰富,气候宜人,到处都是郁郁葱葱的树木,远远望去,一片清绿色。尤其那一棵棵青松,如一个个身披绿衣的战士,排着整齐的队伍,立于山岗之上,威武极了!定睛望去,山上还有许多寺庙呢!庙里飘散出的袅袅云烟,颇有'日照香炉生紫烟'的感觉。……如果你走累了。不妨寻处山间小庙坐下小憩。眼里的都是绿树环抱的自然美景，耳里的全是小鸟的美妙歌声，再贪婪地吸上一口新鲜空气，霎时心旷神怡。极目远眺，山上云雾缭绕，怪石嶙峋，如兔子蹦于山石之上，如羔羊伏于古树之后……山上石头千姿百态，任游客纵情遐想。"依然是泛滥的四字词语：高耸挺拔、气候宜人、郁郁葱葱、袅袅云烟、心旷神怡、极目远眺、云雾缭绕、怪石嶙峋、千姿百态……天哪！全是好词好句，再加上标配——比喻句"尤其那一棵棵青松，如一个个身披绿衣的战士，排着整齐的队伍，立于山岗之上，威武极了。"抽象的好词好句很多，但文章感情却显得空洞、浮华，全然没有孩童的气息。显然，文章中，我们看不到孩子自己的感情，自己的视角，完全按照成人认为正确的视角来写文章。"极目远眺，山上云雾缭绕，怪石嶙峋，如兔子蹦于山石之上，如羔羊伏于古树之后。"句子非常成熟，只是不像孩子的语气。这样的作文，华丽词语堆砌了许多，却不能感染人，进入不到人的心里去。

既然写到变幻的云彩，我们顺便来看看一位作家如何模仿孩子的眼光写的一段关于云的文字吧。

这地方的晚霞是很好看的，有一个土名，叫"火烧云"。说"晚霞"人们不懂，若说"火烧云"就连三岁的孩子也会呀呀地往西天空里指给你看。

晚饭过后，火烧云上来了。霞光照得小孩子的脸红红的，大白狗变成红的了，红公鸡变成金的了，黑母鸡变成紫檀色的了，喂猪的老爷爷在墙根靠着，笑盈盈地看着他的两头小白猪变成小金猪了，他刚想说："你们也变了……"他的旁边走来个乘凉的人，那人说："你老人家必要高寿，你老是金胡子了。"

天上的云从西边一直烧到东边，红彤彤的，好像是天空着了火。

这地方的火烧云变化极多，一会儿红彤彤的，一会儿金灿灿的，一会儿半紫半黄，一会儿半灰半百合色，葡萄灰，梨黄，茄子紫，这些颜色天空都有，还有些说也说不出来、见也没见过的颜色。

一会儿，天空出现一匹马，马头向南，马尾向西，马是跪着的，像等人骑上它的背，它才站起来似的，过了两三秒钟，那匹马大起来了，腿伸开了，脖子也长了，尾巴可不见了，看的人正在寻找马尾巴，那马变模糊了。

忽然又来了一条大狗，那狗十分凶猛，在向前跑，后边似乎还跟着好几条小狗。跑着跑着，小狗不知哪里去了，大狗也不见了。

接着又来了一头大狮子，跟庙门前的石头狮子一模一样，也那么大，也那样蹲着，很威武很镇静地蹲着，可是一转眼就变了，再也找不着了。

一时恍恍惚惚的，天空里又像哪个，其实什么也不像，什么也看不清了。必须低下头，揉揉眼睛，沉静一会儿再看。可是天空偏偏不等待那些爱好它的孩子，一会儿工夫，火烧云下去了。

这是萧红小说《呼兰河传》中的一个片段。六百字，除了一个"恍恍惚惚"，就没有用一个四字词语了，都是平常的话，是孩子眼睛看到的普通的事情。好作文，能给予人以画面感，你凑一堆抽象的四字词语上来，人们看不到画面，看不到讲述景色的人，毕竟这是"你的"游记，而不是旅游攻略。窃以为，游记非常难写。繁复变化的空间，已经让小学生写作时穷于应付了，再加上，游记往往并不真的单单对景物叙写，更多的是这个景渗透了作者的感情、意图在里面，否则它与景区的导游文有何区别呢？

我们再看看另一位四年级小学生的作文《我喜欢》。

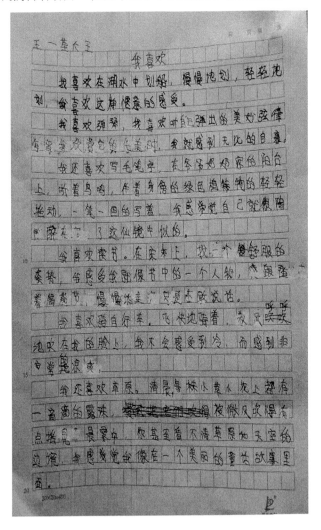

四年级作文《我喜欢》

我喜欢

我喜欢在湖水中划船，慢慢地划，轻轻地划，我喜欢这样惬意的感受。

我喜欢弹琴，我喜欢听自己弹出的美妙旋律，每当我欣赏它的优美时，我就感到无比的自豪。

我还喜欢写毛笔字，在爷爷奶奶家的阳台上，听着鸟鸣，伴着身傍（旁）的绿色植物的轻轻摇动，一笔一画地写着，我感觉自己就像陶醉在了这仙境中似的。

我喜欢读书。在床上，找一个舒服的姿势，我感受我就像书中的一个人物，跟着情节，慢慢地走，只是不敢说话。

我喜欢骑自行车，飞快地骑着，秋风呼呼地吹在我的脸上，我不会感受到冷，而感到非常的凉爽。

我还喜欢草原。清晨，每株小草小花上都有一滴滴的露珠，被微风吹得有点摇晃。晨雾中，你甚至看不清草原和天空的边境，我感觉我像在一个美丽的童话故事里面。

我喜欢玩挨拍的。在游戏里，虽然我学不到什么知识，但我得到了快乐。

我喜欢海滩，我总把腿深深的（地）埋在柔软的黄沙里，这样，我就会有一种很温暖的感觉。

我还喜欢看我以前写的作文，看看我那些可爱而幼稚的语句，看看我以前写的不规范的文字，看完后我不但知道了以前老师的感受，还感到我小时候真是既好笑又好傻。

我喜欢丰富多彩的生活，而且深深地喜欢能在我心里充满着这样多的喜欢。

我真心喜欢这篇作文，那么清新，那么轻盈。全文十段，面对常规"三段式""四段式"的要求，这已经很超格了，多半要被打入冷宫。但即便它有十段，写了九件"我喜欢"的事情，那又怎样呢？丝毫掩饰不了这篇作文的灵气和真诚。

我喜欢玩挨拍的，在游戏里，虽然我学不到什么知识，但我得到了快乐。

试想，有几个孩子敢于在作文中直言自己喜欢玩游戏，又有几个老师允许孩子在作文中写真话。但读者看到这句话，就真的能感受到活泼的气息，能感受到孩子的"喜欢"。有家长说孩子生活太单调，没有什么可写的。人只要生活着，就一定有内容可写。你看这个孩子写的喜欢的事物，都是每个孩子经历过的再平常不过的生活，真情流露，就能成为好作文。题目"我喜欢"比"我最喜欢的……"要好写，因为前者可以写日常，而后者无形中设置了不少写作障碍。

我喜欢海滩，我总把腿深深的（地）埋在柔软的黄沙里，这样，我就会有一种很温暖的感觉。

我喜欢读书，在床上，找一个舒服的姿势，我感受我就像书中的一个人物，跟随着情节，慢慢地走，只是不敢说话。

没有刻意使用华丽的辞藻，句式也相当简单，就是自然的语言，像聊天，像轻语，真诚的感情，清新感人，却有一种打动人的力量。这不是做出来的文字，不是死文字，这是真正写出来的、鲜活的文字。这九件小作者喜欢的小片段拼凑起来，我们似乎可以触摸到她细腻的、无尽的对生活的热爱，可以感受到这个孩子内心丰富的世界，因为句句都有一个"我"在里面。

阅读的时候，我们能被这所谓"幼稚"的文字所感染。简短的段落、复沓的"我喜欢"，形成了一段优美的旋律。结束语也绝非应付的泛泛之语。

我喜欢丰富多彩的生活，而且深深地喜欢能在我心里充满着这样多的喜欢。

前一个"喜欢"是动词，后一个"喜欢"是名词，两个不同词性的"喜欢"的奇妙搭配让平凡得有些黯淡的"喜欢"一词光可鉴人。这让我想起歌曲《牵手》中脍炙人口的一段歌词："因为爱着你的爱，因为梦着你的梦，所以悲伤着你的悲伤，幸福着你的幸福，因为路过你的路，因为苦过你的苦，所以快乐着你的快乐，追逐着你的追逐。"同一词不同词性搭配，是不是和这个小女孩的艺术手法一模一样呢？

当时在朋友圈里看完老同学发出的这篇作文，立即朗读给儿子听，儿子也觉得很好。真诚，永远都是好文章的生命，而好词好句，只是表达的工具，能用，但不可滥用，更不必膜拜。

无独有偶，据《英国卫报》报道，英国 30 多名著名作家联名上书教育部门，谴责如今小学老师对学生的作文指导，为了通过考试，过于重视华丽的辞藻、复杂的句式，使用过多的比喻、拟人等句式，毁坏了孩子们的写作创意。作家 Cecilia Busby 说，当她在一所小学为孩子们朗读作品时，使用了"大剑"这个词，当时在场的老师告诉她，课堂上是禁止使用"大"这个简单的形容词的，并且不断地追问学生，有没有更长的词语来代替这个"大"字。作家们表示，教会孩子使用更多的形容词，把句子结构变得更加复杂并无不妥，但当这些因素变成考试的评判标准时，问题就不那么简单了。对于小学生来说，创意更加重要，与其使用华丽的辞藻，不如教会他们简洁、清晰、流畅、真诚的写作风格。

成语是"好词"吗？

在四字词语中，成语的使用更应该谨慎，成语并非无所不能。成语看起来是四字词语，但它是特殊的四字词语，承载着大量文化信息，几乎每一个成语背后都有一个经典故事。成语同时又是高度抽象的词语，像一个约定俗成的符号，在使用者之间形成默契。本来要用大段文字讲述的，现在用一个成语便解决了，能够达到"以少少许胜多多许"的目的。如果是说明文、论说文，适当使用成语或四字词语，词约而义丰，但它并不适合出现在表情达意的文艺作品中。

悖论也正在此。没有相当的信息储存，就谈不上创造，而储存的信息变成无意识的条件反射之后，也会创造乏力。一提到荷花，必然是品性高逸，出淤泥而不染，一说起瀑布，马上反应"飞流直下三千尺"，这都是习惯性记忆造成的创造力缺失。比如幼儿园教学，问中国地图像什么，孩子们会说出五花八门的答案来，一旦老师告诉孩子们正确答案是鸡之后，孩子的其他想象，有可能被这只鸡彻底踩死了。

文学家总是以突破习惯表达为己任。莫言写两个人下棋，一边下棋一边互怼。我们一般都会用"妙语连珠"，但莫言就不说"连珠"，因为太老套嘛，他写道：

妙语如糖球山楂葫芦串。（《白棉花》）

嗯，原来这是一串有味道的妙语！

这两位出身高贵的仙女对着我们弯腰鞠躬，脸上笑容可掬可掬。（《酒国》）

莫言也打破了我们用惯了的"笑容可掬"，加上一个可掬可掬，透出一股子俏皮劲儿与幽默劲儿来。

他们围着摊子，跟摊饼的小伙子聊天，头上一句腔上一句，跟胡说八道差不多。（《酒国》）

作家往往在不奇处出奇制胜，在不怪处耍怪卖萌，处处寻求打破语言常规。"胡说八道"这个意思，我们俗语中常说："天上一句、地上一句"，西北方言中常说："沟里一句、洼里一句"，而莫言自创了"头上一句、腔上一句"，就有一种新鲜感了，既明晓，又幽默。

词没有高低好坏之分，关键在语境。语境是个神奇的东西，它可以把普通的词汇揽入怀中，让它变得光芒万丈。我告诉常青把剥好的蒜切一切再捣成蒜泥会更容易一些，他问我要切成什么样，一口气用了三个成语："你是要一刀两断，还是四分五裂，还是粉身碎骨呢？"三个成语都很普通，但放在切蒜的语境中，就流露出特别的趣味来。这三个词常用的语境，要么是国家、要么是人，但从来没有人用在一颗小小的蒜上。大词故意小用，就造成了戏剧化的效果。我问他哪里学的？他说"一刀两断"是自己积累的，"四分五裂"和"粉身碎骨"是《哈利·波特》里的两个咒语名字。

成语用得好，就能画龙点睛。比如鲁迅写生活的琐碎无奈的时候，他用了一个很有意思的词："每天川流不息地吃饭"，原本"川流不息"用在嘈杂的道路上，却从来没有人用它来写吃饭，但一个"川流不息"写出了人们生活中绵延无尽的烦琐。

越简单的文字，就越有表现力。我们训练儿童写作，训练的是对词语的挑选组合能力。与其让孩子去背没有生命的被割裂的文字，倒不如把浅显的文字练好学透，体会运用文字创造意义的喜悦。

老舍说，即使贩夫走卒也读得懂他的小说，因为他就使用小学生认识的一千多个汉字写作，没有生僻字，但这一点儿也没有损害他小说的魅力，反而被誉为"语言大师"呢。《骆驼祥子》中写大暴雨，老舍可不用那些"瓢泼大雨""狂风暴雨"之类的"好词"，而是用活了一个字儿，"大白雨点子**砸**下来"，一个平凡的"砸"字，运用恰当，胜过许多华丽的字。再普通的词语，高明的作者也可以让它焕发光彩。

如果读者对成语太过熟悉，熟悉到引不起任何审美上的惊喜，那么这些词就有可能变为陈词滥调。反过来，有现成的词语，自然就懒怠去创造了，陈陈相因，再好的成语用得多了，就失去了它的魅力。词语如此，句子搭配、文章结构、主题设计亦然，渐渐形成了一定的套路与模式的话，这文章必然了无趣味。

孩子创作的《"好词"词典》

一个词若从来没有流淌过你的心灵，让你为之震动，这个词就不属于你。就像余华说，小时候读鲁迅，没觉得哪儿好，现在读鲁迅，发现他的文字就像子弹一样穿透了他的身体，直抵他的心灵。只有经过生命与心灵浸润的词，才属于你。你可以记录下来，也可以不用记录，当遇到类似场景时，这些词就被自动唤醒了、激活了。这就是活的词，而躺在你的好词好句摘录本里的，永远都是死的词。

对于一个阴鸷挑剔的人，常青说过这样一句挺有表现力的话："**他就像摄魂怪，一出现，就把周围所有的快乐都吸走了。**"

"摄魂怪"这个词，不属于好词好句，但对常青来说，就是一个掷地有声的、坚实的词，这个词已经深深渗透进了他的生命当中，根本不需要放进好词好句摘抄本里，是阅读给了他这个坚实的词。看小说和电影《哈利·波特》时，"摄魂怪"是他感到最为惊悚的人物，一出现，他就不敢看，但又有强烈的好奇心驱使他一遍遍"享受"着怪物出现之前的恐惧。空闲时，他还拿黑色塑料垃圾袋，做成摄魂怪的样子玩儿。因为小说给了他一个完整的语境，一个平凡的名词，对于常青来说，已经变成了他熟悉的、喜欢的一个词。"摄魂怪"这个词，就是我说的，流淌过生命的，带有自己生命体验的词。当他遇到不喜欢的人与物的时候，与摄魂怪所带来的恐怖与紧张的场景再次相遇，"摄魂怪"这个词就主动跳进他的句子当中，"他像摄魂怪，一出现，就把周围所有的快乐都吸走了。"没有用任何花哨的词，但这就是，属于常青的词，绝无雷同，随便一用，就是一个好句子。

真正的好词好句，应该是在孩子生命里流淌过、心灵被触动过的词。作家韩少功说，词是有生命的东西，每个人都需要一本自己特有的词典。我以为，我们应该鼓励孩子们收集属于自己的词语。这些词语，才是真正的好词好句，不会随着考试结束而丢掉，也不会随着时光消逝而忘记。

仔细回想一下，你会发现，每个人、每个家庭，都有属于自己的词语，这些词语背后一定隐藏着只有家庭成员才能懂的故事。你们心照不宣，一提起这个词，彼此之间暗暗涌动着一股熟悉的力量。这些词语是你们家庭的私典，像家庭的暗语和密码。常青三岁的时候观看阅兵式，看到首长乘坐轿车好玩儿，就说："我也想坐那个丁丁车"。于是"丁丁车"就变成了我家的一个私典、暗语。这些词语，就是有生命活力的词语。

阅读是把词语放在一定的语境中，而摘录好词好句，恰恰把词语从语境中抽离出来，这样的词语没有任何生命力。孩子背诵这些僵死的、零散的词语毫无裨益。词应该放在句子中，句子应当放在段落中，段落应该放在文章中，相互勾连。文字就像棋子，单个的棋子，不代表什么意思，就是个符号，只有这些符号组合在一起，按照一定的规则相互搭配，彼此赋予含义，才能产生意义。所以，在语境里的文字，才是有意义的，在语境里学习文字，效果才最好。

🖉 教你一招：

1. 常做词语体操

猜字谜、词语接龙、有意夸大某件事、尝试用语言逗笑别人……这些都是我们曾经做过的词语体操。常青小时候将两样好吃的混在一起，他就会说"染味了"，这个"染"就是个很好的语词创造。

我们这一代都是在传统家庭教育模式下长大的，在家里不能随便开玩笑，不能乱说话，有许多语言禁忌。所以面对儿子，我不想装出一个严母的样子。也因为我自己就是个长不大的孩子，我更愿意和儿子没大没小地一起嬉闹，虽然有时候我也会在考试的漩涡中焦虑得失控而滥用母亲的身份，但心情不错的时候，为了逗笑彼此，我们常常有意夸张某事或者拿对方开涮，这其实就是一种语言体操。在这种没大没小的氛围中，常青常常说出一些很风趣、很智慧的话语来，虽然有些朋友觉得这真是对母亲大人的大不敬。

2. 练习扩展词语

给出一个名词，引导儿童不断添加附加成分，每增加一个附加成分，句意就精确一层，传递的信息也就多一层。扩展句子的过程，就是儿童表达越来越精确化的过程。

"新衣服——漂亮的新衣服——一件漂亮的新衣服。"在"衣服"这个名词上不断叠加新的成分，它的意思就越来越趋于精准。当然表达的时候，形式是多样的，你可以写成一个完整的长句子，也可以分成几个小短句：一件衣服，新的，很漂亮。

3. 多用具体词，引导孩子写细节

"漂亮"是孩子们常用的一个词，泛指一切美好的事物。但作家蒋勋在写作课上，他不允许学生用"漂亮"这个词。因为这是个抽象的泛泛之词，没有细节，没有画面，缺乏表现力。

《红楼梦》中出门所乘的车子都很"漂亮"，但曹雪芹没有写"贾母等几人坐了漂亮的轿子"，而是把它细节化：

"少时，贾母等出。贾母独坐一乘<u>八人大亮轿</u>，李氏、凤姐儿、薛姨妈每一个<u>一乘四人轿</u>，宝钗、黛玉二人共坐一辆<u>翠盖珠缨八宝车</u>，迎春、惜春、探春三人共坐一辆<u>朱轮华盖车</u>。"

你看，好的作文，你不能直喊"多漂亮啊！"

好的写作是，作者不用"漂亮"这个词，要通过细节的描述，让读者不禁感叹"这轿子真漂亮啊！"

什么是"好句"？

造个句子玩儿

外星人在亲吻鞋盒子

无聊的时候，我们一家三口就玩造句游戏，常青喜欢得不得了，一遍一遍地玩，乐此不疲。每个人分别在一张纸条上随意写三个词：一个有关生命体的名词、一个动词、一个空间名词，然后分别把三组词打乱，重新排列，拼成一个句子。我写的是"外星人、放烟花、鞋盒子"，爸爸写的是"川普、亲吻、四维空间"，常青写的是"动穴蜘蛛、爬、妈妈的鼻孔"，重新组合之后，就变成了以下三个神奇的句子：

句子1：外星人在亲吻鞋盒子。

句子2：动穴蜘蛛在四维空间爬。

句子3：川普在妈妈的鼻孔里放烟花。

看到这么不靠谱、脑洞大开的句子，我们就已经笑倒了。第二个任务是根据随机拼凑的句子编一个故事给大家听。为什么外星人要亲吻一只鞋盒子呢？常青说，外星人的生命咒语就放在这只盒子里，当外星人终于找到的时候，欣喜若狂地亲吻它；常青说外星人死后都会变成像鞋盒子一样的物体，而这只正被亲吻的鞋盒子，就是这个外星人早年故去的外祖父。那么川普为什么跑到妈妈的鼻孔里放烟花？哈哈，因为川普不小心误食了一种神药，变成了几乎看不见的小飞虫飞进妈妈的鼻孔里，至于为什么放烟花？你们猜吧，尽情地编故事吧。动穴蜘蛛爬进四维空间，四维空间里的空气是彩色的，香味也是可以看见的，去世的亲友在这里又能欢聚一堂、拥抱嬉戏了……之后数天，常青念念不忘，还缠着我们要玩儿这个游戏。

这个游戏，主要为造句做准备，两个名词和一个动词就能表达"谁做什么"这个最基本的意思了。我们说话，有三个最基本的句式，分别表达三个最基本的意思："外星人在亲吻鞋盒子"，表示"谁在做什么"；"外星人是鞋盒子"，表示"谁是什么"；"外星人害怕鞋盒子"，表示"谁怎么样"。

虽然学了几十年的英语，但在英国访学的那段日子，购物时就深感英语词汇的匮乏，尤其是名词，用得最多，会得却少。蓦然发现以前我所学习的名词，大多是类属词，例如"鞋子"，只是个笼统概念，至于"长统靴""裸靴""及踝靴""马丁靴"等等具体的名称，便一概不知了。我只能像没掌握几个词语的儿童一样，用手指着物品说"我要那个鞋子"，这时候，我失去了用语言交流的能力。当然，购物还能对付，因为物品就放在你和店员之间，用手一指，他就能明白。但不一定所有你想表达的物品恰好都放在面前。所以我们要给万物起个名字，什么仙客来花儿啊，金丝雀鸟啊，风霜雨雪、宇宙太空之类的。

仅仅万物拥有了名字，还远远不能满足我们表达的需要，还要动词和形容词，来表达更复杂的意思。常青小时候能简单表达自己的意思的时候，就反复说道"爸爸背，爸爸抱"，他决不会说"亲爱的爸爸，请你赶快过来紧紧地抱着可爱的宝宝"，有时候甚至连名词也不用了，直接就是一个动词。

坐在塑料便盆上解手的时候，他觉得有些难为情，要把我们赶得远远的，当我们凑近或者从他身边经过的时候，他就挥着小手对我们说"过过"，动词"过"就是让我们走开。

还有"走"这个动词，也是常青的万能词，许多场合，他只用一个"走"，就能表达多种意思了。哄睡觉，要抱着边走边晃，他就说"走啊走啊走"。堵车，他着急了，怎么还不走呢？表达不出来，就说"走啊走啊走"。

实际上，幼儿学习词语，就是从名词和动词开始的。美国学者罗伯特·西格勒在《儿童思维发展》中专门对以英语为母语的婴儿运用的五十个词语类型进行了分析，发现名词和动词约占80%。其中指代物体的名词如苹果、球、鸟、船、车、饼干、爸爸、小狗、小猫、牛奶、妈妈、鞋等要占到66%，要求或伴随动作的动词如再见、去、喂、向外、向上，占到13%。名词和动词是造句的最基本构件，儿童初学写作，仿佛又回到了婴幼儿口语学习时期。

"外星人在亲吻鞋盒子"，就是由名词"外星人""鞋盒子"和动词"亲吻"构成的句子。这个游戏，目的是让孩子感受造句最基本的成分名词与动词的性格特征和生命色彩。只有理解了这些词的性格和用法，造句的时候，儿童才能运用自如。

每当常青说出有意思的、精彩的词语时，我常追问，是自己创造的，还是从哪里借鉴来的？因为我想搞清楚，词语是通过什么渠道、以什么样的方式抵达孩子们的心里的？为什么选择这个词而不是那个词？有时他并不照搬，而是对词语改装之后使用，这中间又发生了什么？儿童学习语词的能力超出我们的想象，当他们对一个词一知半解时，就会拿过来用。

有时候，已经用了很长时间的一个词，常青会突然问我词义，我说你不是已经会用了吗？他说只是用着好玩儿，但不知道确切的意思。孩子们在使用词语的时候，很可能存在着一个模糊的边界，能感知却无法确定意思。

儿童写作与儿童口语

要想真正弄明白儿童写作的真相，原始材料是否可信，至关重要。

我的一位学生毕业后在上海某所小学任语文老师，受我所托，她把班级学生的习作发给我作为研究资料。前几篇还没有看出太多问题，越往后，就发现孩子们受到老师指导的痕迹非常明显，因为绝大多数孩子在表现怎样克服困难的时候，都设计了相同的情节：另一个勇敢的"我"跳出来对这一个怯懦的"我"说话，最终勇敢的"我"战胜了怯懦的"我"。那么这几十份材料对我来说，分析的价值就很小了，因为我无法看到孩子原本的、真正属于自己的写作。

这也是为什么在这本书中，我要以常青的习作作为观察对象的主要原因。以下三篇作文，是在没有命题、没有指导、没有修改的情况下，常青一年级和三年级玩耍时的游戏之作，虽然粗陋而稚嫩，但在我看来，却是一般学者或者语文老师难以得到的、第一手的研究资料。我想透过这些不很规范的类似"牙牙学语"的文字背后，了解孩子们写作的动因，了解他们怎样试图吃力地去表达？

一年级作文《吃水果真好吃》

一年级上学期，刚刚上了三个月语文课，常青就开始拿起笔来涂鸦。用订书机将十几页纸订在一起，用一个中午的时间，就能编写出一本"书"来，每篇小文还配以图画，这是儿童处于视觉表达时期的反映。

一年级作文《吃水果真好吃》

《吃水果真好吃》，看起来是随意涂写的几十个文字，但这是常青真正意义上的处女作，完全自发自愿的写作，特别能代表初涉写作儿童的写作特点。这篇处女作显然借鉴了一年级语文课文《四季歌》的写法。

四季歌（语文课文）　　　**吃水果真好吃**（常青仿写）

　　春天花儿笑，　　　　　　　春天：草莓香

　　夏天蝉儿叫，　　　　　　　夏天：西瓜甜

　　秋天枫叶红，　　　　　　　秋天：香蕉甜

　　冬天雪花飘。　　　　　　　冬天：柑子

　　　　　　　　　　　　　　　酸酸甜甜的

先来看结构。结构，是最难的，因为先要有主题，其次要围绕主题选材，还要瞻前顾后，保持各个部分的均衡与逻辑。对于刚开始学写作的孩子来说，自己架构一个完整的结构，几乎是不可能的。那么，仿写，最有效，这也是儿童学习写作的第一步。这篇结构借鉴了课文里用"春夏秋冬"来架构文章的做法，所以虽然是第一次写，但结构上异乎寻常地完整。

再来看句子。六、七岁的儿童，口语能力已经相当强了，但初次写作中，常青还是用了最基本的造句方式：名词＋动词（形容词）。六、七岁儿童的写作，仿佛又回到了一、两岁学习说话的阶段。

"我讨厌你"，母亲微笑着对一岁的小女孩说。

"讨厌"，小女孩既像是回答，又像是模仿。

"我讨厌你"，妈妈说。

"妈妈讨厌"，孩子回应道。

"我们快走，超市门口有摇摇车。"妈妈说。

"摇摇车"，女孩子重复道。

"那里有大姐姐等着你呢"

"大姐姐"，孩子说。

这是我散步时，偷听到的一对母女的日常对话。孩子正在学说话，从"妈妈讨厌"一句可以看出，小女孩知道"讨厌"这个词不是表扬她，她回敬的方式，既像是模仿，又像是回答。妈妈说的都是完整的句子，而小女孩回敬的都是词语。但你有没有注意到，孩子从母亲的句子里挑选出来再重复一遍的词语，有什么特点吗？对，都是中心词，显然孩子捕捉到了句子的核心词。

什么是句子核心词呢？比如："我昨天看了这本书"，如果把"看"这个词抽掉的话，整个句子就散架了，那么"看"就是全句的中心词，而中心词又以名词和动词居多，比如名词"摇摇车""大姐姐"和动词"讨厌"，就是小女孩捕捉到的核心词。

我还注意到，常青对句子做了一点小小的改动，化繁为简。他用冒号把时间状语"春天、夏天、秋天、冬天"分离出去，使得原来较为复杂的句子变回简单的几个词或短语。"草莓香、西瓜甜、香蕉甜、柑子酸酸甜甜的"，既是一个短语，又是一个最简单的句子。

再看看词。歌谣里的动词或形容词经过精心挑选，"笑""叫""红""飘"。而常青一口气重复使用了4次"甜"字。我们发现大多数孩子写作时翻来覆去总用那几个词，一是掌握的词汇量有限，二是即使掌握了相当的词汇，但孩子并没有意识到写作时应该尽可能变换用词，以使文章表述更丰富。当孩子的语词储存量增长之后，可以指导孩子，尽量避免邻近句子中重复使用同一个词，除非你是为了修辞的目的，有意为之。

《聊斋志异》中有篇精彩的鬼故事《尸变》。短短几百字，在表达"时间较快"这个意思时，就变换了好几个词语"俄而""未几""少间""旋踵"。

最后再分析一下标题。标题"吃水果真好吃"，在整个文字里面，这句最复杂。六、七岁的孩子在口语中绝不会出现这样低级语病的句子，但一写，就会出错，他好像又回到了两三岁时的口语水平。如果我们在句子中间加个标点符号"吃水果，真好吃"，或者改为"水果真好吃"就可以了。

这个病句，反映出孩子的写作能力往往迟滞于口语能力。甚至在同一时期的另一篇作文中，他还写出"我回到了以后"这样匪夷所思的错误句子。六、七岁儿童不太可能犯时间认知上的错误，但写作中却出错了。

学习写作的过程，类似于儿童学习口语的过程。西方学者有个"重演"的说法。儿童从爬到直立行走的成长过程，是整个人类发展历史的重演；儿童的认知发展是对西方哲学史的重演；儿童语言发展，是对人类语言历史发展的重演。

那么，写作也是儿童对口语学习的重演：先学发音（拼音），再学单个字、双字词、四字词（成语），单句、复杂句、句群、段落……由简到繁，由少到多。当然，作文和口语发展轨迹不可能完全——对应。因为孩子口语比写作成熟得多，在进行单句写作的时候，不排除作文中偶尔出现很工整的复句或者一个很长很复杂的句群。但从孩子整体的认知规律来讲，写作大体还是遵循着口语学习的渐进模式。

如果你对孩子写作初期出现的问题感到疑惑，不妨回想一下孩子口语学习过程中出现的问题，很多时候，它将在儿童的写作中再次出现。

一年级作文《我的奶奶》

再来看他自编、自写、自画的另一篇小文《我的奶奶》。据他说，是受到儿歌《爱我你就抱抱我》的影响。其中歌词为"爱我你就陪陪我，爱我你就亲亲我，爱我你就夸夸我，爱我你就抱抱我。"除了文字，还配上了和奶奶亲吻的图片，虽然把奶奶画得有点丑，但看在孙子这么思念自己的份儿上，奶奶也就忍了。

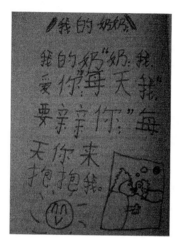

一年级作文《我的奶奶》

我的奶奶

我的奶"奶：我爱你"
每天我"要亲亲你"
每天你来抱抱我。

这段文字，依然是相类似句型的重复，依然是名词和动词的简单搭配句式："我爱你""我要亲亲你""你来抱抱我"。

以上两篇有一个共同特点，童谣形式，颇有节奏感。比如"每天我要亲亲你，每天你来抱抱我"，就很工整了。早先人类文学也是从有韵律的诗歌、民谣开始的。看看我们老祖先写的上古歌谣《弹歌》："断竹，续竹；飞土，逐宍。"三件事物与四个动作，简简单单的三个名词和四个动词，简短有力，组成了一幅热闹紧张的捕猎图画。只用简单的名词和动词，就能传达最基本的意思了。

对标点符号，常青很敏感。破折号、省略号、分号、引号等等这些比较高级的标点符号，不管三七二十一，先乱用一通再说。虽然引号用得不怎么合适，但他已经能意识到人物说的话要用引号引起来。对于以上这些语法错误、标点符号的乱用，我一概装作没看见，只夸奖他，这么快就能写出一本"书"来了呢。拍照片发给奶奶，也着实被全家夸奖了一番。我不想因为技术上的问题而影响孩子对写作的兴趣，他能主动拿起笔来畅快书写，比什么都重要！

从名词、动词和形容词入手写作，是初学写作儿童的常见入门方式，对于作家来说，有时却有意夸大这种写法，以期达到非同寻常的艺术效果。

中国的诗词，有个特点，就是以名词、动词等实词为主，虚词较少，形成了中国诗作独特的风格。文字不要说得太满，要留白，要有想象的空间。诗词中常常仅罗列几个名词，情绪、意境、哲理和气氛尽出，读者可以充分发挥自己的想象。

以温庭筠的《商山早行》为例，学者葛兆光分析了这个句子：

鸡声茅店月，人迹板桥霜。

短短六个名词性词汇，却传递了十种景物，景物之间都是平行陈列的听觉意象和视觉意象，互相并无关联，除了第一个"鸡鸣"之外，其余的五个视觉意象构成了一幅"全景图"。如果按照现代人的表达习惯，就不得不添加若干成分，转换为：（我听见）鸡鸣，（知道天将破晓），（我抬头看见）茅店（上空的）月。（我低头看见）人迹（在）板桥（上），（因为桥上有霜）。最后恐怕还要拔高思想境界，补上一句潜台词："行人何等辛苦啊！"。添加了这么多语法成分，不过是在名词和动词等核心词汇基础上的拓展和延伸。

三年级作文：《我的爸爸》

《我的爸爸》是常青三年级写的一首小诗，这首诗纯粹是我们闲聊的时候聊出来的。

"妈妈，耳朵为什么长耳廓？是不是为了传递声音？"

"嗯，差不多吧，我再去问问你爸爸。"

"妈妈的爸爸是不是也像一本《十万个为什么》，妈妈小时候有问题，就会问爸爸。"

"嗯，没错，儿子。你这句话说得特别棒，就是一句诗。"

小伙儿来劲儿了，洗完澡趴在床上，大笔一挥，完成了他的诗歌《我的爸爸》。

我的爸爸（三年级）

有一个东西很奇怪，他像个字典，他像一本《十万个为什么》，他像一台电脑。猜一猜他是谁？他是我们的爸爸呀！

他像个字典，我不会的字是爸爸告诉我的。

他像一本《十万个为什么》，我不会的道理是爸爸讲给我的。

他像一台电脑，我不会的知识，也是爸爸说给我的。

三年级写作诗歌《我的爸爸》

经过两年多的语文阅读、积累与练习，常青的写作已经慢慢脱离了早期随心所欲、自由散漫的阶段，开始打磨、构思了。

先看词。写好后，我委婉地建议，是否有必要每一句都用"说"，能不能换成别的词。后来他就改成了："我不会的字是爸爸告诉我的""我不会的道理是爸爸讲给我的""我不会的知识，也是爸爸说给我的"。说明三年级孩子已经有能力表达得更精细、更准确、更丰富了。就词汇量来说，他已经很富有了，他也知道分辨词语，挑选出最合适、最准确的词。在孩子词汇库充裕的情况下，家长可以引导孩子，同样的意思可以用近义词来表达，避免来回使用那几个词，显得行文单调。

再看句子。虽然全文基本句型相似，但他已经能够熟练地把几个简单句子放在一起，组成一个复合句了。

最后看看结构。一是学会了埋伏笔、设置悬念，"猜一猜他是谁？"开始花心思让诗作读起来更吸引人。二是结构完整、前后照应。先用三个比喻句总起："他像个字典""他像一本《十万个为什么》""他像一台电脑"，然后分别写为什么像个字典，因为不会的字都是爸爸告诉我的；为什么像一本《十万个为什么》，因为不会的道理是爸爸讲给我的；为什么像一台电脑，因为不会的知识，也是爸爸说给我的。这说明孩子已经把文章当作一个整体来看，有了全局的把握，而不是想到哪里写到哪里，毫无章法。

以上这些，都是孩子初学写作时表现出的普遍特点。下面，我们看看作家如何使用名词和动词来造句？

越是高水平的作家，在动词的使用上越讲究、越老到，越有表现力。尤其中国的古典小说，很少像西方小说那样进行大量的内心剖析、意识流描述，主要靠动作与对话来表现人物丰富的内心情感。所以作家在炼字，尤其是动词的锤炼上，特别用心思。动词用得好，往往能让一个句子活泛起来。

用筷子触了一点点豆腐，就能够吃下去半碗饭，再到豆腐上去触了一下，一碗饭就完了。（萧红《呼兰河传》）

河水是寂静如常的，小风把河水皱着极细的波浪。（萧红《呼兰河传》）

一个"触"，既写出豆腐的细嫩可口，又写出平凡人家因为穷而舍不得大口大口咀嚼的生活窘态。一个"皱"，河水起了波纹的样子不知不觉就写出来了。

草满池塘水满陂，山衔落日浸寒漪。

牧童归去横牛背，短笛无腔信口吹。（宋·雷震《村晚》）

梁太太双肘支在藤桌子上，嘴里衔着杯中的麦管子，眼睛衔着对面的卢兆麟。（张爱玲《第一炉香》）

动词"衔"，在以上两个例子中被运用得出神入化。"山衔落日"，有画面，有动感；用"眼睛衔着对面的卢兆麟"，一是承接上句的"嘴里衔着杯中的麦管子"，二是对上句"衔"的转义。这个女人是用怎样的姿态看坐在对面的男伴儿呢？"眼睛衔着"，一个"衔"字，透露出女人多少的痴恋和媚态呢！作家的笔就像魔法棒，一经他们的手，就能把平凡的字点石成金，散发出无穷的魅力。如果有空，多让孩子读读经典作品，真是字字珠玑。

怎样让句子"具体"？

你用对名词了吗？

一想到你给孩子所起的与花草树木有关的名字都是那么的脆弱，我索性给他起名叫九月，因为他是九月生的，我想神灵能够轻易收走花草树木，但却是收不走月份的。一年不管好也罢，坏也罢，十二个月中，没有哪个月份是可以剔除的。

这是迟子建《额尔古纳河右岸》里的一段文字。给九月出生的孩子起名儿，用"花草树木"好呢？还是用"九月"好呢？鄂温克族族长选择了"九月"。因为"花草树木"是生命实体，意味着终会死亡，而"九月"是人们虚构出来的词，没有对应的生命实体。神灵能够轻易收走花儿草儿，但收不走九月，只要你愿意相信，它就万古常青。所以在族长看来，孩子叫"九月"，比叫花草树木更吉利，意味着健康长寿。

这一段很好地讲述了**抽象名词**与**具象名词**的区别。"花草树木"是具象名词，它有对应的实物，人们可以触摸感知，"九月"是抽象名词，它是虚构出来的，没有对应的实物，只是个概念，不能直接感知。

"美"，是个抽象形容词，看不见、摸不着。如果你写"好美啊！"，老师一定会批阅"不形象、不生动"。那怎样写才能既形象又生动呢？你要用具体的事物来表现美："美在秋天的云彩中，在河上的风帆里，在一个纯情女孩的眉宇间"，这样，美就可触可感了。

"脸上有个一拃来长的疤痕"一定比"脸上有个七八公分的疤痕"更有表现力，更生动，因为抽象的数字远远没有手伸出来比画一下更直观。在计量时空方面，文学作品很少使用"八点钟""二十米远"这样抽象的表达，它更愿意用"一箭之地""一盏茶的工夫""一炷香的辰光""太阳一竿子高"这样直感的方式来表示。

选择直观的、具体的名词和动词，很符合儿童掌握词语的先后顺序。孩子先掌握代表周围具体事物的词，然后范围逐步扩大，由具体到抽象。比如你说具象词"花儿"，孩子能理解，但你说"幸福"，孩子就发懵了。如果你说"幸福像花儿一样"，孩子就明白了。这就是把抽象词"幸福"具体化为"花儿"的原因。若说"祖国"，孩子没有什么概念，但我们说"祖国像妈妈一样"，把抽象的概念具化为身边可知可感的人与事，孩子就懂了。

写作文的时候，能直观的就不抽象、能用小词的就不用大词，能用名词、动词的就不用形容词、副词。

巧妙安排动词

前面我们提到了一些表示单一动作的动词"触""皴""衔"，如若碰到一个人做出了一连串的动作，那么怎样来组织句子、安排动词呢？

还是以迟子建的《额尔古纳河右岸》为例。句1和句2，都是一个人物发出的一系列动作，作者对句子安排却大不同。句1由三个句子组成，句2却只有一个句子。

句1	句2
安草儿一手提着水桶，一手握着一束紫菊花从远处走来。 他看见我已走出了希楞柱，笑了。 他走到我面前，把花递给我，然后提着水桶去浇那些刚刚栽上的树。	他浇完树，放下水桶后，没有歇息一下，就进希楞柱取出晒干的蝙蝠，放在一块青石板上，用一块鹅卵石研磨蝙蝠，打算把它们捣成碎末，制成水剂，灌进那两只害病的驯鹿的鼻孔，治疗它们的咳嗽。

小学写作中常常遇到写人物连续多个动作，我们跟着作家来学学写法。句1，提着水桶、握着紫菊花、从远处走来、看见我、笑了、把花递给我、提着水桶浇树，这一系列动作由同一个人物"安草儿"发出的，作者依次给每一个举止一个动作，一共安排了三个句子。有趣的是，紧接着迟子建又继续写安草儿的动作，句2却马上换了一种写法，人物发出的动作更多了，却只有一个句子。

以上两种人物动作的写法，特别值得玩味。句2的写法，语法上把它叫作"流水句"，即句子只有一个主语，其余由几个并列的谓语性短语组成，动词之间的空间缩小了，节奏加快了，句子像流淌的水一样，一泻而下。句1的写法，虽然动作由同一个人发出，但仍旧用了三个句子，它突出的是人，句子一多，节奏自然也就慢下来了。作家为什么要费尽心思这样安排？为了避免节奏单一，通过变换句子让作文内部富于变化。

常青二年级刚刚接触写作，老师让写一篇为班级做小贡献的作文。我们商量以照顾班级盆栽植物为内容来写。商量好之后，我在旁边看，他自己组织句子。写到浇水一节：

修改前：

花儿看到我，好像说："渴死了，渴死了，快给我水喝"，我就端起花盆，我跑到水房，我打开水龙头，我给花儿哗哗地浇水。

修改后：

我端起花盆，跑进水房，打开水龙头，给花儿哗哗地浇水。

写好后，先照例夸奖了他，然后我说你的句子里连续用了好几个"我"，读一读，是不是有些啰唆？初学写作，孩子可能每个句子都能写好，但很少注意到句子之间逻辑关系，或者整段读起来是否顺畅简洁。大多数孩子若无人点拨，很容易写成常青原句的样子。我提出修改建议：反正这些动作都是你一个人做的，那我们试着只保留第一个"我"，会怎么样？他按照这个方法又改了一遍。果真，练习发下来，老师在修改后的句子下面划了几条波浪线，肯定了他的写法。

让读者知道更多：形容词和副词

名词和动词能完成最简单的表达，但要更细致具体，告诉读者更多信息，就得用上形容词、副词等修饰性的词语。

梁家房子被雾遮没了。

这是简单的信息传递，句子也显得干巴巴的，没有画面感。如果改为：

梁家那白房子黏黏地融化在白雾里，只看见绿玻璃窗里晃动着灯光，绿幽幽地，一方一方，像薄荷酒里的冰块。渐渐的冰块也化了水——雾浓了，窗格子里的灯光也消失了。

加上"白""绿""黏黏地""绿幽幽地""渐渐的"等修饰语，房子颜色怎样，窗玻璃怎样，房子如何一点点被雾吞没，都展现给我们了。语言是思维的体现，语言和思维形影相随，随着年龄增长，孩子感知事物的能力与日俱增，由粗陋而精细、由单一而综合、由简单而复杂，写作手法也会随之丰富起来。

怎样让干巴巴的句子生动起来呢？加上修饰语，让名词更具体，让动词更有活力，给读者更多的细节与画面。风靡世界的英语分级读物《牛津树》就是按照孩子认知规律来安排文章。

The Dream	梦
Biff couldn't sleep.	Biff 睡不着。
Dad told her a story.	爸爸给她讲了一个故事。
The story was about a dragon.	一个关于龙的故事。
Biff dreamed about the dragon.	Biff 梦到了龙。
It was a nasty dragon.	它是一条让人讨厌的龙。
It was a very nasty dragon.	它是一条特别让人讨厌的龙。

后三句，以名词"龙"为原点，给它加上形容词、副词，"龙——一条让人讨厌的龙——一条特别让人讨厌的龙"，渐次拓展，丰富该词的外延。随着形容词"讨厌"和程度副词"特别"的加入，读者知道了更多关于龙的信息。

儿童写作初期掌握的形容词和副词数量极其有限，极大限制了儿童精准多彩的表达能力。"很大""很高""漂亮极了""开心极了"等在低年级儿童写作中几乎成为万能修饰语。《红楼梦》里有个情节，写得特别好。别人给"呆霸王"薛蟠进贡了鲜藕、西瓜、鲟鱼和暹猪四件稀罕礼物，似乎是平常物，但论个头与尺寸非常罕见。薛蟠少不了添油加醋、唾沫横飞地边笔画边炫耀一番。怎奈他不学无术、书读得少，所以词汇极其匮乏。薛蟠道："他不知哪里寻了来的这么粗这么长粉脆的鲜藕，这么大的大西瓜，这么长一尾新鲜的鲟鱼，这么大的一个暹罗国进贡的灵柏香薰的遏猪。"你看，他吹嘘礼物罕有，又没有更多的词来形容，过来过去就是"大"和"长"这两个词。

看起来，就是几个形容词和副词而已，其实还真没那么简单，这背后是儿童的大脑、肌肉、认知的跟进。常青几个月的时候，把笔放在他手里，他只能满把握住，却无法用两个指头拈着，因为他的肌肉、大脑控制能力弱，还无法做出精细的动作。到四、五岁时，不仅能手持笔杆，还能写字。写作与此情形雷同，随着儿童思维能力发展之后，形容词与副词以及更复杂的介词、连词、虚词、量词的掌握，都能让表达更精细，更准确，更富逻辑性。

幼儿看到水中鱼，脱口而出的第一个词儿是"鱼"，接下来会说"大金鱼"。说明孩子在表达时，先说关键词"鱼"，然后才会加上形容词"金鱼""大金鱼"；之后加上量词："一条大金鱼"；然后会加上更多的形容词"一条摇头摆尾的大金鱼"；再后来，就更复杂了"在铺满雨花石的池子里慢悠悠游着一条大金鱼"；再后来也许是这样："雨花池里有只金鱼，像迷了路，走走停停，摇来摆去，不知该往哪里去？"……像在说鱼迷路，又像借鱼的徘徊来象征人的迷失。这条鱼便不再是一条简单的鱼了，而是浸染了作者情感思想的鱼了。

儿童语言发展由简到繁：

1. 鱼。

2. 金鱼。

3. 大金鱼。

4. 一条大金鱼。

5. 一条摇头摆尾的大金鱼。

6. 在铺满雨花石的池子里慢悠悠游着一条大金鱼。

7. 雨花池里有只金鱼，像迷了路，走走停停，摇来摆去，不知该往哪里去？

常青四年级开始写小说，坚持了一年多，到五年级写了约 2 万字。我跟踪记录了他的写作过程。最先引起我注意的，是他慢慢学会使用形容词和副词来充实句子。他对原稿第一句的修改，就是最好的证明。

原稿：

当天晚上，乖乖镇里静悄悄的，大家都熟睡着，没有谁注意到，有一伙儿鲨鱼正偷偷溜进一座古堡里。

修改稿：

在漆黑的夜里，没有谁注意到，有几头鲨鱼的阴影正偷偷溜进一座在海水中若隐若现的古堡里。

夜，静悄悄的……

"当天晚上"加上形容词"漆黑"改为"在漆黑的夜里"。"一座古堡"加上"若隐若现"改为"一座在海水中若隐若现的古堡"。随着儿童认知渐趋复杂、综合、立体、细腻，其文字表现力越来越强，传递的信息越加丰富。

六年级时，常青一度很迷恋"既……又……"的表达方式。他说两个近义词或者两个反义词中间的那种状态，既迷人又神秘。

很快，我就在他的周记里读到了以前他从未用到的表达：

这里的楼很漂亮。既不是五花八门，也不是特别单调，既不显得富丽堂皇，也不显得普通无趣。

……

我们在小河边发现了夕阳。一个血红的小圆球在一栋楼的上方慢慢下沉。小球正在四周散发一种强烈却并不耀眼的光，好像正在表演从虚空掉下去时的慢动作。太阳下去后，周围的红光却久久不散，仿佛正满怀希望地等太阳又回来。

事物并不是非黑即白，而是存在着模糊的边界。小时候看电影，我们总问大人，这是好人还是坏人？长大以后才知道，人是复杂的，哪有纯粹的好人和坏人呢。"既……又……"这样的表述背后，是常青对事物多样性的认识。寻找中间状态，意味着他有突破"好与坏""黑与白""是与非"简单二元对立的意识，是迈向更加精细表述的好兆头。

5 个字拓展为 50 个字

大多数孩子初学写作，就像这样，能介绍事件的一个轮廓。但我们想知道更多的信息，句子却没有提供。因为一、二年级的孩子认知还停留在"握笔"阶段，他能用整只手掌握住笔，却无法做出更精细的动作，他能写出事物的大概，却不知怎样具体描述。

我们先看看怎样把仅仅 5 个字的句子变成一段 50 个字的惊心动魄的故事。雪莉·艾利斯的《开始写吧！虚构文学创作》提供了这样一组例子，很能启发我们。

原稿：

她走进房间。

"她走进房间"这一句子，不生动，不具体，很干瘪。我们可以拓展，加入更多的内容，让它具体生动起来。怎样拓展充实这个句子呢？每个人的兴趣点不一样。

有读者对"她走进房间"中的"她"很感兴趣。谁走进了房间？她是谁，老的少的，叫什么名字？什么肤色？梳着长头发还是短头发？扎着蝴蝶结呢，还是顶着一头鸡窝似的头发？穿什么样的衣服，是缥缈的白纱，还是破破烂烂的衣衫？

有读者对她"怎样走进房间"表示好奇。她是蹑手蹑脚地溜进房间，还是哼着歌儿蹦蹦跳跳地跑进房间，还是嘴里叼着一支烟皱着眉头慢慢踱进房间，还是风风火火地冲进房间……

当然，也有人偏偏对她要走进的"那个房间"很感兴趣。这房间有什么特别的地方吗？这是位于闹市区高楼大厦中的一间公寓呢？还是位于伦敦郊区的一幢鲜花围绕的古老红砖房呢？或者有可能是人间所没有的一座水晶宫呢？

接下来我们加上一点细节。

修改一稿：

她慢慢地走进这个漆黑的房间，很害怕，不知道里面有什么等着她。

怎么走进去的呢？"慢慢走"，加上一个副词"慢慢"，这个走就有了姿态，让我们窥视到了人物隐秘的心理活动；走进什么样的房间呢？"漆黑的房间"，加上一个形容词"漆黑"。读者心生疑窦，故事发生的场景似乎并不令人愉快，读者隐约预感到，接下来可能要发生什么可怕的事情。"慢慢""漆黑"，都让故事的气氛变得有点紧张了。再加上省略了主语"她"的两个单句：（她）很害怕、（她）不知道里面有什么等着她，这两句是对她慢慢走进漆黑房子的进一步补充。"慢慢走"，是因为害怕，之所以害怕，是对漆黑房间里将要发生事情的不得而知。

你看，一个毫无个性特色的、面目模糊的句子，加上修饰成分以后，变得扣人心弦，一下激起了读者的好奇心：接下来会发生什么事儿呢？如果我们换一种写法："扎着紫色蝴蝶结的小女孩蹦蹦跳跳跑进一座水晶宫"，是不是一个童话故事就要开始了呢？

读者是贪婪的，还想知道更多。

修改二稿：

康斯坦斯从壁橱里抓起丈夫的手枪，慢慢地走进这个漆黑的房间，很害怕，不知道里面有什么等着她。

"她"有了姓名，叫康斯坦斯，原来是个外国故事。"她走进房间"，加入了更多具体的信息：从壁橱里抓起丈夫的手枪。名词"手枪"的添加可不得了，故事陡然紧张了起来，读者的胃口完全被吊起来了，很好地制造了悬念。

我们继续给这个句子添加内容，让它更饱满一些。

修改三稿：

康斯坦斯从大厅里的壁橱里抓起了她丈夫的银色手枪，慢慢地悄悄地爬上楼梯进入黑暗的卧室，很害怕，不知道里面有什么等着她。

这一层的细节让读者对正在发生的事情有了更强烈的画面感：给"手枪"添加了规格和色彩——"银色小手枪"，"走进"细化了状态——"慢慢地、悄悄地爬上楼梯"，"走进漆黑的房间"把房间具体化为"卧室"——"进入黑暗的卧室"。这一切添加，都为文后她要杀死熟睡中的丈夫埋下了伏笔。人物活动的空间，大厅里的壁橱、楼梯、卧室一一展现在读者面前，读者脑海中浮现出一幅越来越具体的画面来。

最后再加上一层背景信息——她的丈夫一直虐待她，她要结束 14 年痛苦的婚姻。

修改四稿：

康斯坦斯从大厅里的壁橱里抓起了她丈夫的银色手枪，慢慢地悄悄爬上楼梯进入黑暗的卧室，很害怕，不知道里面有什么等着她。她的丈夫一直虐待她，此刻一种莫名其妙的痛苦突然充满了她的灵魂——14 年的婚姻结束了。

至此，真相大白，前面所有的铺垫，都有了合理的解释。

把五个简单的字变成一段有感染力的、跌宕起伏的段落，从而告诉我们更多的讯息，让故事有了画面。这个例子像变戏法似的，给句子插上了翅膀，它能飞起来了。这中间发生了什么呢？就是因为我们在简单的句子基础上，加上了不少形容词与副词。

我用这个办法，指导三年级的常青改写《瑞雪》一课。

课文原文：

雪停了，我走出家门，看到小伙伴们把积雪团成一个雪球掷向伙伴们。还看见一群小朋友正在打扮雪人，用两颗黑煤球，装在雪人的脸上，再将一根胡萝卜插在雪人的小鼻子上，然后画上弯弯的小嘴儿，一瞬间，雪人就像活了似的。

修改后：

雪停了，我走出家门，看到小伙伴们（用通红的双手）把（厚厚的）积雪团成一个（大大的）雪球掷向伙伴们。还看见一群小朋友正在打扮雪人，用两颗黑煤球，装在雪人（圆圆）的脸上，再将一根（鲜艳的）胡萝卜插在雪人的小鼻子上，然后画上弯弯的小嘴儿，一瞬间，雪人就像活了似的。

看原文时，我就问他，这样写，就很好，正因为好，我还想读下去，你能不能告诉我更多呢？比如天那么冷，孩子们的手是什么样儿的呢？积雪是薄还是厚呢？雪球长什么样儿？很快，他就加上了一些形容词："通红的双手""厚厚的积雪""大大的雪球""鲜艳的胡萝卜"。

当我引导常青加上形容词之后，句子的变化让他很兴奋，他也觉得句子好看多了。突然想起什么似的，飞奔向书包，翻出他最近学的一篇改编自《伊索寓言·狐狸与葡萄》的课文《葡萄是酸的》，说："妈妈的这个想法和这篇课文很相似。"

葡萄是酸的

一般

狐狸饥饿，看见架上挂着一串串的<u>葡萄</u>，想摘，又摘不到。临走时，自言自语地说："这是酸的。"

较好

<u>狐狸</u>看到了成串成串的<u>熟透了的葡萄</u>，它在想怎么才能吃到它们。

它跳了半天，但总没有能吃到葡萄。为了使自己不至于太难过，它说："葡萄是酸的。"

最好

<u>饥饿的狐狸越过果树园的墙头</u>，看到了<u>丰盛的成串成串的葡萄</u>。狐狸的视线一落到葡萄上，<u>眼睛和牙齿都发亮了</u>。多汁的葡萄在阳光中亮晶晶的像碧玉一般，唯一的遗憾是葡萄都挂得高高的，狐狸无论怎么也挨不近抓不住。<u>眼睛看得见，牙齿可咬不着！</u>

狐狸白费了一个钟头，它只好走了。它<u>愤愤地</u>说道："算了！虽然看上去挺好，实际上却都没有成熟！没有一颗不是酸的！<u>我又何必叫我的牙齿酸得咯咯咯地发响呢？</u>"

狐狸吃葡萄的故事有五个情节。一是狐狸在什么样的状态下看到葡萄？二是葡萄长什么样儿？三是狐狸看到葡萄时的神态和心理。四是狐狸试图摘到葡萄。五是自我安慰，放弃吃葡萄。以上三篇文章直观地表现出文字表达由简到繁、由概括到具体的延展过程。第一篇一般，最为简单，只有个骨架。第二篇较好，进行了拓展，加了一些血肉。第三篇最好，气韵飞扬、生动具体，富有文学色彩。

语文课文《葡萄是酸的》不同写法比较

	一般写法	较好写法	最好写法
情节一：狐狸在什么样的状态下看到葡萄？	狐狸饥饿	……	饥饿的狐狸越过果树园的墙头

（续表）

	一般写法	较好写法	最好写法
情节二：葡萄长什么样儿？	一串串的葡萄	成串成串的熟透了的葡萄	丰盛的成串成串的葡萄。多汁的葡萄在阳光中亮晶晶的像碧玉一般。
情节三：狐狸看到葡萄时的神态和心理	无	它在想怎么才能吃到它们	狐狸的视线一落到葡萄上，眼睛和牙齿都发亮了
情节四：狐狸试图够葡萄吃	想摘，又摘不到	它跳了半天，但总没有能吃到葡萄。	唯一的遗憾是葡萄都挂得高高的，狐狸无论怎么也挨不近抓不住。眼睛看得见，牙齿可咬不着！
情节五：自我安慰，放弃吃葡萄。	临走时，自言自语地说："这是酸的。"	为了使自己不至于太难过，它说："葡萄是酸的。"	它愤愤地说道："算了！虽然看上去挺好，实际上却都没有成熟！没有一颗不是酸的！我又何必叫我的牙齿酸得咯咯咯地发响呢？

如果不是我和常青的练习以及我的提醒，他很难清楚意识到这篇课文编写的目的。

有意识认识形容词，从一年级预习课文《小溪生病了》时，我们就开始了。

小溪水清清的，绿绿的。

小兔往小溪里扔纸屑；小猴往小溪里丢果皮；小猪往小溪里倒垃圾……

过了些日子，小溪变了。溪水黑黑的、臭臭的。

此文的特征是形容词比较多，而且多半都是"AAB式"的叠词，比如"清清的""绿绿的""黑黑的""臭臭的"。我想应该先让孩子认识到形容词在句子中能起到什么作用。我尝试用两种方法形容常青的好朋友沈韵：

沈韵长着一双眼睛、一只嘴巴、一个脸蛋，留着头发。

我问他，如果这样说，你能猜出来我说的是沈韵吗？他说不能。为什么呢？因为人人都长着一双眼睛、一只嘴巴、一个脸蛋，对吧？那我们换一种说法：

沈韵长着一双细细的眼睛、一只小小的嘴巴，粉粉的脸蛋，留着长长的头发。

这下是不是就比较像你的好朋友了。常青很快理解了形容词能收到如此神奇的效果，前一句可以用在任何一个人的身上，但后一句一听，说的就是他的好朋友。这都是形容词的功劳——写出了好朋友的特征。

接下来我俩实践练习，用"AAB式"叠词来形容爷爷、奶奶、爸爸以及他的好朋友，对爷爷及好朋友朱倍的形容比较完整：

爷爷瘦瘦的，头发白白的，脸儿黄黄的。

朱倍长得高高的，身体胖胖的，力气大大的，滑起滑板车嗖嗖的。

对两个人的特征描述很到位。尤其表扬了"嗖嗖的"，比起"快快的"更好，因为"嗖嗖的"能让我听到声音，耳旁掠过一丝凉风。

修饰词过多，适得其反

什么事情都过犹不及。形容词、副词固然好用，如果使用过多的形容词、副词，就有卖弄辞藻之嫌，显得文风浮夸、矫揉造作。有时候大白话比修辞反而来得更有力。

萧红写"有一回天已经黑透了，他下了河滩。"表示黑的这个程度补语"透"就特别传神，比用熟了的"伸手不见五指"来得更好。运用一连串的形容词或副词很可能削弱了它所要修饰的名词，喧宾夺主，且因提供信息和细节太多，形容词之间互相抵消，读者无法抓住重点。老舍就说，都是写雪，韩愈的"随车翻缟带，逐马散银杯"就没有王维的"隔牖风惊竹、开门雪满山"写得有气魄。王维没有用任何华丽的形容词，老老实实原原本本说出他所看到的，寥寥几句就把自然景象写出来了。

有力的动词和恰当的名词，往往胜过庸俗的副词和形容词。"他关上门"，我们加上一些修饰语，就能表现出关门人的情绪。

1. 他使劲关上门。

2. 他"砰"的一声关上门。

3. 他摔门而去。

4. 他像一阵旋风一样关上门。

以上句子都能用来表现走出门时他的愤怒情绪，但选用不同修饰语，句子的性格大有不同。

句1"他使劲关上门。"用副词"使劲"，比较中规中矩，没什么错儿，但不够出彩；句2"他'砰'的一声关上门。"舍弃了副词，换成了象声词"砰"，读者如闻其声；句3"他摔门而去。"什么修饰语都没有，只用了最简洁的一个动词"摔"，简短有力；句4"他像一阵旋风一样关上门。"典型的比喻句。

比较以上四句，你觉得哪个表达更好呢？句3只用一个平凡的动词"摔"，并不比副词、比喻句表现得逊色。与其用一堆陈腐空洞的形容词、副词，还不如挑选一个恰当有力的动词呢。

诺亚·卢克曼在《写好前五页——出版人眼中的好作品》中

有如下好的建议：

	原表达（用形容词）	更好的表达（用名词代替形容词）
1	他是一个残酷无情的男人。	他是一个暴君。
2	她是一个善良的仁慈的女人。	她是一个活菩萨。
3	这是一场一泄如注的雨。	这是一场暴雨。
4	他在很快地跑。	他在冲刺。

　　与其说"他是一个残酷无情的男人"，不如说"他是一个暴君"，与其说"她是一个善良的仁慈的女人"，不如说"她是一个活菩萨"，与其说"这是一场一泄如注的雨"，不如说"这是一场暴雨"，与其说"他在很快地跑"不如说"他在冲刺"。如果你正好有更强大、更精确的名词或动词，你就压根儿用不着形容词或者副词。《红楼梦》里常用一个动词"歪"。如（宝玉）"便起身下炕，到自己床上歪下"一句，比"像懒猫一样躺在床上"或者网络用语"葛优躺"要更有表现力。动词"歪"，不是睡觉，是靠在那儿百无聊赖。

避免滥俗形容词

　　形容词与熟悉的语境如果形成条件反射，就离滥俗不远了：一出门，就是"万里无云"，红旗一升，就是"冉冉升起"，雨一下就是"倾盆大雨"，雪一飞就是"鹅毛大雪"，一进步就是"更上一层楼"。

　　语言大师老舍说："幼稚，是学生腔的一病。不肯割舍人云亦云的东西。如形容一个爱修饰的人，往往说他的头发光滑得连苍蝇都落不住。这是人人知道的一个说法，顶好省去不用，用上，不算错误，但是不新颖，没力量，人云亦云。"

不是说熟悉的形容词不能用，而是怎么用，才新颖有力。熟悉的形容词放在不熟悉的语境中，可能效果就大不相同。普通词语"杀气腾腾"，在以下句子中，就显得不同凡响：

她那根辫子却扎得杀气腾腾，像武侠小说的里的九节钢鞭。（张爱玲《第一炉香》）

办公室里有一张幅员辽阔的办公桌，桌面光可鉴人，简直像一汪湖泊。湖泊后面坐着一个孤零零的男人，五十岁上下，国字脸，黑框眼镜。因为桌子的辽阔愈发显得那桌子后面的男人并不真实。墙角里摆着一盆杀气腾腾的宽叶绿色植物，有一扇窗户诡异地大开着，像一眼深不见底的山洞。（孙频《无极之痛》）

在黄梅雨中，满山醉醺醺的树木，发出一蓬一蓬的青叶子味；芭蕉、栀子花、玉兰花、香蕉树、樟脑树、菖蒲、凤尾草、象牙红、棕榈、芦苇、淡巴菰，生长繁殖得太快了，都有点杀气腾腾。（张爱玲《第一炉香》）

"杀气腾腾"本没什么特别之处，但用它来修饰"辫子""植物"这类事物，却很少见，起到陌生化的艺术效果，打破了读者习惯了的词语场景。不觉眼前一亮，乍看一怔，再看会心一笑："嗨，可不就是这样嘛！"

用新鲜的比喻替代平凡的形容词

诺亚·卢克曼在《写好前五页——出版人眼中的好作品》中提出了用比喻来代替平凡的形容词的办法。

	原表达（用形容词）	更好的表达（用比喻代替形容词）
1	他把办公室打理得窗明几净、井井有条。	他把办公室打理得像一条船一样。
2	这人长得身材魁梧、体格健壮、膀大腰圆。	她的体格，就像熊一样壮硕。
3	他大口吃东西，吃相一点也不优雅。	他吃饭时一副狼吞虎咽的样子。

与其说"他把办公室打理得窗明几净、井井有条"不如说"他把办公室打理得像一条船一样"，与其说"这人长得身材魁梧、体格健壮、膀大腰圆，"不如说"她的体格，就像熊一样壮硕"，与其说"他大口吃东西，吃相一点也不优雅，"不如说"他吃饭时一副狼吞虎咽的样子。"当然，不必把所有的形容词或者副词都用比喻来代替，偶尔为之，削减过于繁密的形容词，就很好。

写一个人的绝望，怎么写？

她睁着眼直勾勾朝前望着，<u>耳朵上的实心小金坠子像两只铜钉把她钉在门上——玻璃匣子里蝴蝶的标本</u>，鲜艳而凄怆。（张爱玲《金锁记》）

作者没有对人物的表情着墨过多，而是借用一个小小的道具，四两拨千斤，勾画出主人公绝望的画面：她戴着实金小金坠子耳环，靠在门上。作者用了极巧妙的比喻——一个装在玻璃匣子里蝴蝶的标本。妙处一是用画面呈现人物的内心，二是这个比喻贴切、新鲜而震撼人心，三是喻体"装在玻璃匣子里蝴蝶的标本"不仅与画面吻合，而且延伸到人物整个的生命状态，是主人公华丽而僵死一生的象征。

怎样才能用朴白的语言写出出其不意的艺术效果呢？老舍在《出口成章》中说，观察得出的语句胜于泛泛的辞藻。杜甫"塞水不成河"，经过观察得出。我们对一草一木、一泉一石都须下功夫观察，找到了它的特质，就可以用普通的话写出诗来。光记住"柳暗花明""桃红柳绿"等泛泛的话，没有多大用处。泛泛的辞藻总是人云亦云，显不出创造本领来。所以，无论如何，体验生命，忠实于自己的感受，勇敢说出真话来，才是创造好词句的不二法门。

怎样让句子"生动"？

修辞，被认为是较为高级的、复杂的表达方式。当儿童稍有一定写作基础之后，修辞就成为语文学习中的重中之重，贯穿儿童的整个基础教育阶段。修辞，能让句子变得有意思、有韵味。比如春天的写法有三种：

1. 春天来了。

2. 春姑娘来了。

3. 幽禁了一次春天，又释放了一次春天。

从语法上来看，三句都讲得通。但从词彩上来看，就有高下优劣之分了。"春天来了。"不带任何感情色彩，就是以客观的口吻叙述一个事实；"春姑娘来了"，拟人，把春天比喻成美丽的姑娘，春天让人有了美好的感觉。但第一个把春天比作姑娘的人是天才，第二个把春天比作姑娘的人是庸才，第三个把春天比作姑娘的人是蠢材。怎样才能写出新鲜的、与众不同的春天呢？"幽禁了一次春天，又释放了一次春天。"拟人兼象征，就成了一句诗，可意会不可言传。"春天"的形象复杂多义，它可能代表生命，它可能代表自由……

关于修辞，一直有个误解：修辞是高级的表达方法，要当作一项技能专门教给孩子。其实，修辞对于儿童来说，绝对不是什么神秘的写作方法，儿童就是天生的修辞学家。儿童种种自然而然的认知方式，与某些修辞方法有着天然的相近之处。

比如孩子饿了想吃东西，在没有学会"饿"这个抽象词之前，他会描述感觉："宝宝肚子里有鸟儿在叫，咕咕咕……"，这就是修辞了。在学习月亮"落山"这个词之前，孩子可能会说："太阳回家了"，回家是他认知范围的，而"落山"作为一个专业名词，孩子不会用，自然而然选用他熟悉的"回家"，不自觉的，他运用了一个拟人手法。再比如通感，孩子运用语言时可不会把视觉、听觉、嗅觉等感觉分得那么清楚。落雨了，常青不会用狂风暴雨等词，他会说："嘀哒嘀哒下雨了"，这就是我们所说的拟声修辞。孩子以制造各种声响为乐，尤其是男孩子独自游戏的时候，自带音响，嘴里总会莫名出现一些"噼噼啪啪、咚咚、丢丢"之类的象声词，伴之以各种打打杀杀、旋转奔跑的动作。他可能在与一个假想中的敌人交战，或者把自己想象成奥特曼之类的超人，交战正酣的时候，就不自觉地发出各种奇怪的声音，父母被吵得头脑发胀，他还浑然不觉。他在用混响与想象来复原场景。

儿童思维更接近诗的思维、原始思维，与理性思维有相当的距离。体现儿童思维的儿童语言，未经成人文化规范，不受常规语言约束，不按照语法规范说话，而是基于自己有限的认知，不自觉地使用修辞手法，不经意地在口语与写作中表现出诗意来。

比比谁会吹牛？——夸张

儿童说话几乎没有不夸张的，他们在一起的语言游戏，看谁最会吹牛，他们似乎不吹到极限，不吹到天边，就不肯罢休。一般人形容雪大为"鹅毛大雪"，但是一名六岁的儿童形容暴雪为"鹅毛超雪"。"超雪"相较于"大雪"更具气魄。列维布留尔在《原始思维》中说很多原始民族对数字的认识还停留在较低水平，如果数字超过三，就会说无数的，或者说像头发一样数不清。刚教会常青数数时，他就对最大数简直迷之好奇。任何事物，一涉及大，他马上就来一个他所知道的最大的数字单位"兆"。吹牛，也就是修辞学中的夸张，儿童在对比中探索事物之间的差别，探求事物的边界。

"危楼高百尺，手可摘星辰。不敢高声语，恐惊天上人。"我和常青在学习古诗《夜宿山寺》时就进行了一次吹牛比赛，每人说一句话，看谁的楼更高？常青一口气吹出了一串牛气冲天的句子：

楼高得比一万层还高。

比喜马拉雅山还要高。

站在高楼上看地上的人，像毛毛虫。

楼高得快要和白云亲嘴儿了……

吹好了牛，言归正传，唐代最聪明的一位叔叔怎么写楼的高呢？小家伙有兴趣了，妈妈趁机夸他，你和唐代最聪明的叔叔一样聪明呢：他说"高百尺"，你说"比一万层还高"，他说"手可摘星辰"，你说"可以和白云亲嘴儿"。接下来的事情就简单多了，他迅速地抄完这首诗并且写上拼音，准确无误。原来学习也可以很快乐。

"救火车在我的胃里"——比喻

记得小时候，跟随母亲回乡下探亲，母亲穿了一件比较时髦的衣服，这个衣服的口袋做得异乎寻常得大，亲戚们听说城里人回来了，都前来围观。一位目不识丁的舅妈说了一句话，让我之后一见到比喻，就会想起她的这句话。她说："唉哟，你这衣服的口袋比我家的铁锨头还大！！！"。铁锨，对于我这个长在城市的孩子来说，是陌生的，虽然我见过，但"铁锨"从未走进我的生活，所以我的词典中永远不可能出现"铁锨"这个词，但当舅妈把大口袋比作铁锨头的时候，我大笑，感觉自己真的被击中了，绝好的比喻，来自一位没有学过任何修辞手法的农村妇女的口中。从此以后，我就发现，修辞并不是什么高不可攀、神秘莫测的写作方法。

常青习作中有这么一段比喻：

一个灵车般大的破船，可笑地摇晃着它身上掉了色的烂铁片，悠悠地从拱形大门里飘出。船上，有几根又粗又高、响起来吱吱呀呀的木杆。数一数，一共有三根。每一根上绑着一条鲨鱼，正是原子鲨鱼、直升蝎和邓氏鱼。

小作者说起写这个比喻句的原因："一只破船从海上驶来，为了增加恐怖气氛，我写一只船像灵车一样开来，我不能说一辆叮叮当当的、闪着彩光的冰激凌车开过来了。那气氛就不一样了。"

语言学家高明凯在《普通语言学》中说，一般情形下的儿童语言，因没有足够的现成的词，只有范围较小的词汇让他去选择，所以他的比喻多半富有诗意而不受其约束。一个三岁的孩子胃疼，就说"救火车在我的胃里"。成年人运用比喻比较循规蹈矩，因为有现成的比喻，不愿费脑筋去想新颖的比喻。

笑，是作文中常写到的情节，我们有以下几种表达：

1. 他笑了。

2. 他笑得像花儿一样。

3. 他一笑，他眼角和脸颊的皱纹也跟着笑了——眼角笑出的是菊花纹，脸颊笑出的是葵花纹。雨水洒下来，他那如花的皱纹就像是含着露珠。（迟子建《额尔古纳河右岸》）

4. 所以这一天许三观走在街上时，脸上挂满了笑容，笑容使他脸上的皱纹像河水一样波动起来，阳光照在他脸上，把皱纹里面都照亮了。（余华《许三观卖血记》）

第1句，没有细节，就是叙述；第2句稍微形象一点儿了，大家都知道花开的样子；第3句有了细节，更为具体了，像细描，越精细，人物的笑容越清晰；第4句打破了笑与花之间的固定比喻，把笑起来的皱纹比喻为河水，很新奇。

前两句很普通，后两句是作家手笔，比喻更加出人意表：笑起来的皱纹"像花儿"，这是个普通的比喻。但迟子建把眼角的笑、脸颊的笑分别比喻为"菊花纹"和"葵花纹"，余华把笑起来脸上的皱纹比喻为"河水"，就不一样了。最后一句，两位作家思路简直一模一样，仍是比喻：一个借助雨水，一个借助阳光，让这个皱纹的写法如此别出心裁：

1. 雨水洒下来，他那如花的皱纹就像是含着露珠。（迟子建）

2. 阳光照在他脸上，把皱纹里面都照亮了。（余华）

比喻不仅要新奇，还要兼顾到小说的整体氛围。迟子建小说

《额尔古纳河右岸》写的是原始森林里最后一批少数民族部落鄂温克族，为了与原始、神秘的自然气息协调，迟子建选择的喻体大多与自然相关。

他那斑白而稀疏的头发和同样斑白而稀疏的胡子纠缠到一起，<u>使他的脸孔看上去就像罩了一层灰白色的地衣，让人疑心他是一棵腐烂了的树</u>。

当然，如果你喜欢幽默的文风，大可选用比较搞笑的喻体，或者夸张的写法。同样写人，钱钟书的文风睿智风趣，你看《围城》里的比喻，处处透着股子智慧和谐趣。

孩子不足两岁，塌鼻子，眼睛两丝斜缝，眉毛高高在上，<u>跟眼睛远隔得彼此要害相思病</u>。

她和周太太、效成三人眼睛里来往的消息，<u>忙碌得能在空气里起春水的縠纹</u>。

女人涂脂抹粉的脸，经不起酒饭蒸出来的汗气，和咬嚼运动的震撼，<u>不免像黄梅时节的墙壁</u>。

像这样"钱钟书式"的比喻，在《围城》里俯拾皆是。

有本写作书《少年儿童写作训练大脑体操》，介绍了"三问写作法"："是（有）什么？怎么样？像什么？"比如写湖水。

是什么？——这是湖水。

怎么样？——平静的湖水。

像什么？——湖面平静得像一面镜子。

按照这个思路，其他事物的描写可以如法炮制，比如写星星：

有什么？——夜空有一颗亮星。

怎么样的夜空，怎么样的星？——深邃的夜幕镶嵌着一颗明星。

像什么？——深邃的夜幕像一块青色的帷幔，上面镶嵌着一颗珍珠般的明星。

回答以上三个问题，就可以高效写出一段话来。对于初学写作的孩子来说，没有章法，手足无措，模式的引导很有必要，的确可以给儿童一些写作思路。作为一般的笔头练习无可厚非，但如果把它固定为写作模版、套路，就不是好的写作路数。某培训机构介绍作文经验，竟然有这样的修辞指标："一篇作文里必须使用三个比喻句，一个拟人句，一个排比句"，真叫人啼笑皆非。这也是为什么许多孩子的作文写着写着，就味同嚼蜡。语言千变万化，哪怕改变一点语序，添减一个标点符号，都有可能带来不同的表达效果。如果写作有套路，那岂不是作文千人一面，读起来很乏味吗？

一切脱离了真情实感的比喻，都是模式化的比喻，一定无法感染人。有次放学，接常青回家，他正为晚上作业太多而忧心忡忡，路上看到一个两岁多的小男孩，紧锁着眉头，常青顺口说："你看他一脸晚上作业特别多的表情"，这句话让我笑了很久。修辞，来自生活，来自真情实感，不需要刻意为之。每个孩子都是高明的修辞专家，每个孩子都是出色的段子手。

纳西西斯是美少年，还是水仙花？——拟人与拟物

古希腊神话里有一个美少年，叫纳西西斯。他看到湖水中自己的倒影很美，就迷恋上了水中那个美少年，天天对影发呆，最后跌入水中，变成了一朵水仙花。这大概是儿童无法分清"我"与"他"的一个寓言，因为无法分清我与他，纳西西斯就是水仙花，水仙花就是纳西西斯。

儿童这种"无我"的思维特点，使得儿童语言中出现了大量的拟人与拟物。当然，并不是儿童掌握了多高超的修辞，而是在儿童的世界中，人与物，本来就没有太多界限，把人比拟为物体，或把物体比拟为人，对于孩子来说，是轻而易举的事情。

用修辞，说到底，是用读者熟悉的事物来代替读者不熟悉的事物，在不同事物之间架起联系，以具象的代替抽象的，以熟悉的代替陌生的，以感觉的代替感受的，最终达到体验的相通。拟人化语言很大程度上弥补了儿童词汇量的不足，他们可以拿熟悉的词汇来讲述新鲜的事物。

我是雨和雪的老熟人了，我有九十岁了。<u>雨雪看老了我，我也把它们给看老了</u>。如今夏季的雨越来越稀疏，冬季的雪也逐年稀薄了。它们就像我身下的已被磨得脱了毛的狍皮褥子，那些浓密的绒毛都随风而逝了，留下的是岁月的累累瘢痕。坐在这样的褥子上，我就像守着一片碱场的猎手，可我等来的不是那些竖着美丽犄角的鹿，而是裹挟着沙尘的狂风。

这是迟子建长篇小说《额尔古纳河右岸》开头部分。一打开书，主人公就出场了。一般人写作，都会先描绘一下这个人的外貌，而作家却使用了一些很奇特的修辞，"我把雨雪看老了，雨雪也看老了我。"如果说"我老了"，没什么，但说我和雨雪之间看老了彼此，就有了沧桑感。"我"和"雨雪"之间是平等的，雨雪像我一样有生命，所以我可以看老雨雪，而雨雪也可以看老我。这就是拟人，不露痕迹、浑然天成的拟人。为什么迟子建要把自然拟人化呢？如果你知道这是一个关于东北即将消失的少数民族鄂温克族的故事，而故事的讲述者是鄂温克族最后一位九十多岁的女酋长的时候，你就会觉得看似普通的语句，放在整部长篇小说的开头，具有怎样非凡的意义。

鄂温克人生活在原始森林里，他们相信大自然有灵性，人的生老病死，大自然都有征兆、暗示。所以小说对于自然的描述与修辞，充满着原始气息和神秘色彩。

西班他们刚走，雨就来了。在这之前，连续半个多月，<u>太阳每天早晨都是红着脸出来，晚上黄着脸落山，一整天身上一片云彩都不披。炽热的阳光把河水给舔瘦了，向阳山坡的草也被晒得弯了腰了。</u>我不怕天旱，但我怕玛克辛姆的哭声。柳莎到了月圆的日子会哭泣，而玛克辛姆呢，他一看到大地旱得出现弯曲的裂缝，就会蒙面大哭。好像那裂缝是毒蛇，会要了他的命。<u>可我不怕这样的裂缝，在我眼中它们就是大地的闪电。</u>

以上这段，不露声色地运用了拟人与比喻。"红色的晚霞""昏黄的落日"，是惯常的搭配，但迟子建把它们用人的特性拟写之后，就特别有趣味了。"太阳每天早晨都是红着脸出来，晚上黄着脸落山"，这是拟人；"炽热的阳光把河水给舔瘦了，向阳山坡的草也被晒得弯了腰了"，这也是拟人；"炽热的阳光把河水给舔瘦了"，这句和李清照的"人比黄花瘦"有异曲同工之妙吧。河水少了，河道窄了，作家用了一个很形象的词"舔瘦"了；"他一看到大地旱得出现弯曲的裂缝，就会蒙面大哭。好像那裂缝是毒蛇，会要了他的命。可我不怕这样的裂缝，在我眼中它们就是大地的闪电。"这是比喻。

雷声响起来的时候。<u>我就觉得天在咳嗽，轻咳的时候下的是小雨，重咳的时候下的就是暴雨了。</u>雷公大约觉得这雨还不够大。<u>他又剧烈咳嗽了一声，咳嗽出一条条金蛇似的在天边舞动着的闪电。</u>当他消失的时候，林间回荡着"哇——哇哇"的声音，<u>雨大的就像丢了魂儿似的，四处飞舞。</u>

这一整段几乎都运用了拟人手法，大雨、小雨或暴雨，均借用"天咳嗽"的不同程度来表现。同时，作家又反过来，把人拟为物，把"手"比作"粗壮绵长的树根"。

伊万的手出奇地大，他若是将双手摊开放在膝盖上，那膝盖就像被粗壮而绵长的树根给覆盖和缠绕住了。

相反，另一位作家张爱玲笔下的都市男女，她依然用比喻，只是这喻体变为现代事物。

她的手臂，白倒是白的，像挤出来的牙膏。她的整个的人就像挤出来的牙膏，没有款式。(《封锁》)

七巧直挺挺地站了起来，两手扶着桌子，垂着眼皮，脸庞的下半部抖得像嘴里含着滚烫的蜡烛油似的。(《金锁记》)

人像挤出来的牙膏苍白而没有个性，七巧哭泣的嘴巴像是含着滚烫的蜡烛油似地抖动，"牙膏""蜡烛油"都是现代都市生活中俯拾即是的物品。写作中，人与物，不是谁支配谁，而是你中有我，我中有你，二者可以自由转换，而绝不显得别扭。

另外，给人物起一个绰号，也是拟物化的方法之一。孩子之间关系越亲密，越不叫名字，叫"绰号"。绰号是孩子之间辨认彼此的幽默、生动的原创语言。绰号或者与名字中的谐音有关，或者与性格有关，或者与长相特点有关，或者和某次的典故有关，总之，是孩子之间的默契和暗号。直到现在，如果有人突然叫我的绰号，我们之间的密码瞬间就被打开了，记忆被激活了。绰号，既避免了称呼上的单调和一本正经，又起到对人物特征的概括作用。如果用绰号称呼，对于孩子们来说，一定比直呼其名来得有趣。常青说，同学们把一个姓杨的孩子叫"杨下雨"，因为他的话特别多，像纷纷落下的雨。

"儿子，妈妈告诉你一个小技巧。写作的时候呢，首次提到一个人，可以用他的全名，后面再提到呢，你可以用他的绰号啊，或者以他某方面的特点来称呼。"

"妈妈，我知道。"常青答道。

"你怎么知道的呢?"我很好奇。

"我在《马小跳》里看到，一个很坏的人，长得浓眉大眼的，杨红缨就一直叫他'浓眉大眼'。"常青很得意地说。

无论哪种造句方法，只要新颖且合情合理，符合文章整体氛围，就是好的。你不必有意修辞，如果你的修辞毫无新意，那不如老老实实简简单单去表达。人们一直以为比喻句是万能句，再拙劣的比喻句都比不修辞的句子好。曾经听过一次作文网课，写天空，老师引导孩子们说出，月亮像什么? 有的说像镰刀，有的说像眉毛；星星像什么? 有的说像宝石，有的说像眼睛……这些都是常见的比喻，难出新意。作家也写月亮，但作家迟子建有意避开人云亦云的比喻，用了朴实简单的表达。

为了避免犯困，我就让头不停地运动着，先仰头看一眼天上的月亮，然后再低头看一眼水中的月亮；看完了水中的月亮，再抬头看天上的月亮；一会儿觉得天上的月亮更亮，一会儿又觉得水里的月亮更明净；一会觉得天上的月亮大，一会儿又觉得水里的月亮大。后来起了一阵风，天上的月亮还是老样子，可是水中的月亮却起了满脸的皱纹，好像月亮在瞬间老了。也就是在那个时刻，我懂得了真正长生不老的是天上的东西，水中的投影不管有多么美，它都是短命的。

除了"水中的月亮起了满脸的皱纹"之外，整段几乎没有任何的修辞，句子也简单得不能再简单了。原来，这是居住在原始森林里心灵单纯的孩子眼中的月亮。比较水中的月亮与天上的月亮，看起来幼稚，却很符合儿童的心理，充满着稚拙的童趣。这就是不用修辞的魅力。

儿童幼时修辞，并非自觉，但随着年龄增长，当情感驱动渐弱、理性知识渐长的时候，修辞就由原来的不自觉慢慢变为自觉，也就是有意识地去追求修辞。但矛盾的是，进入小学后，儿童天马行空的修辞越来越少，陈陈相因的修辞越来越多。语言的规范，有时候是以语言的创造力减弱为代价的。家长要做的是，在孩子学习规范化用词用语的同时，竭力保护孩子对语言天然的创造力。

✎ 教你一招：

1. 造句游戏

要造句，先要熟悉词语，才能随心搭建起满意的句子。我们不妨带着孩子玩一些造句游戏。

先任意写三个词：正在进行的动词、表示身体某一部分的名词、无生命物体的名词。然后把它们分别填入以下句子的括号内：

某人经过（正在进行的动词），发现（身体某一部分）已经变成（一个无生命的物体）。

可能写出这样的句子：

格雷戈尔·萨姆沙从噩梦中醒来，发现自己变成了一只巨大的虫子。

以上这句是世界名著卡夫卡小说《变形记》的开头句，造句时可以参考此句。如果孩子还有兴趣，可以在他写的奇怪的句子后面，继续写下去，他一定能写出一个与众不同的故事。

2. 体验修辞的魅力

玩儿修辞游戏，体会修辞的魅力。

"孩子急忙跑过来"，这个句子太平常了，我们可不可以把它改造成一个比喻句"孩子像……一样的跑过来。"在空白处，孩子可以填上他想填的任何名词，组成一个比喻句，再让他读读这些句子，谈谈对句子的理解。比如，改造成这样一些句子：

孩子像小熊一样地跑过来。　　　（这个孩子可能很笨拙）

孩子像足球一样地跑过来。　　　（这个孩子动作可能很敏捷）

孩子像闪电一样地跑过来。　　　（这个孩子跑起来速度很快）

孩子像滚下山的石头一样地跑过来。（这个孩子可能跑得踉踉跄跄）

填入的名词不同，整个句子暗示的信息就不同，这个游戏可以无限地玩儿下去。

3. 找到属于儿童自己的写作风格

说到写作风格，也许有人会说，这不是天方夜谭吗？儿童连正经作文都写不出来，哪有什么风格？正如每个人都有不同性格，有的内敛，有的张扬，有的活跃，有的沉闷，有的严肃，有的幽默一样，每个人的写作风格也不同，有的孩子长于细节，有的孩子擅长架构故事，有的孩子喜欢戏谑幽默，有的孩子乐于写对话。

每个儿童都有属于自己的写作风格。儿童会根据他所接触的信息、性格爱好、说话语气、思维方式、阅读书籍等，偏好某些表达。正如作家各有特点，鲁迅深邃，张爱玲尖刻，钱钟书幽默，萧红稚拙。

常青喜欢幽默搞笑，但他一直误以为，作文就应该正儿八经、板着面孔讲道理，他不敢在作文里"嬉皮笑脸"，我鼓励他，没有人会拒绝幽默。所幸他的语文老师并没有因此苛责他，虽然他写幽默语句时仍然小心翼翼地，但我会选择性转告语文老师的意见，说老师喜欢读他的作文，每次读起来都会被逗笑。他很受鼓舞，思想上松了绑，越写越轻松。幽默，几乎成为他的作文风格。

　　家长需要一双慧眼去寻找孩子的写作风格。只有给孩子更多的、轻松的、较少被干涉的空间和时间，孩子才能慢慢摸索，并形成自己的写作风格。

"五官"打怪升级法

你有没有注意过，婴幼儿是怎样观察世界的？他用他那黑漆漆的、闪闪发亮的眼睛来看世界，用他那胖嘟嘟的小手去抓一切他可以摸到的东西。不管是火还是冰，是毛茸茸的玩具还是坚硬的石头，只要他想探个究竟，就会以迅雷不及掩耳之势把这些东西塞进嘴里，哈哈，世界就在他的嘴里，他正在用他那甜美的口水和稚嫩的小乳牙"啃"着世界。当悦耳的音乐响起的时候，圆的笑涡荡漾在他的脸上，咯咯的笑声充满了整个房间。

这就是人认识世界最基本、最直接的方式：视觉、触觉、味觉、嗅觉、听觉。其实，千言万语都抵不上一次亲身体验。"纸上得来终觉浅，绝知此事要躬行。"说的就是这个道理。比如我向一个从未吃过榴莲的人介绍这种水果，任我说得唾沫横飞，不如递给他一个榴莲，让他尝一口。但很多时候，我们并不可能给读者递一只榴莲，我们还得依赖语言去讲述，这比递榴莲要困难得多。一个好的作家，就能用语言让从未品尝过榴莲的读者如食其味。这还只是一只榴莲，就让我们如此犯难，那么我们要讲述一个故事，一个场景，一个人，一段情绪呢，是不是难上加难了呢？

孩子写作时，总觉得三言两语就说完了，不知道怎么详尽描述，你可以引导他尝试用"五官法"。不用担心，对孩子们来说，这是他们的拿手好戏。因为在被灌输知识之前，他们主要依靠"五官"来认知事物。

看到火龙果，成人头脑反应出来的是抽象名词"火龙果"，可孩子要拿在手里把玩半天，他才不管这个叫"火龙果"还是"水龙果"呢，他关注的是这个物体的形状、颜色、味道，通过触摸、闻嗅、啃咬来一探究竟。这些原始的感觉，恰恰是写作时候运用五官法最珍贵的能力。成人在掌握了词语之后，丢失了的本能，孩子们却天然具备。

五官法是最简便、最直接的表达方法。我们用五官感受世界，反过来，把你感受到的世界从五官角度转述出来，读者便能如见其容、如闻其声、如临其境……接下来我会向大家逐一介绍进阶式五官写作方法：从最低阶的五官交替写作，到中阶的五官打通写作，再到高阶的五官变形写作，最后还会给大家分享适合低年级学生练笔的静物写生法。

五官交替法：写春天

小说《额尔古纳河右岸》叙写鄂温克族的女族长，一生与丛林为伴，丛林已化为她生命的一部分，当现代工业不断蚕食森林，最终她不得不带领部落离开原始森林时，这种宏大而深厚的感情，要用寥寥数语，很难书写。她怅然说道：

我不愿意睡在看不到星星的屋子里，我这辈子是伴着星星度过黑夜的。如果午夜梦醒时我望见的是漆黑的屋顶，我的眼睛会瞎的；我的驯鹿没有犯罪，我也不想看到它们蹲进"监狱"。听不到那流水一样的鹿铃声，我一定会耳聋的；我的腿脚习惯了坑坑洼洼的山路，如果让我每天走在城镇平坦的小路上，它们一定会疲软得再也负载不起我的身躯，使我成为一个瘫子；我一直呼吸着山野清新的空气，如果让我去闻布苏的汽车放出的那些"臭屁"，我一定就不会喘气了。我的身体是神灵给予的，我要在山里，把它还给神灵。

作者正是从视觉、听觉、触觉和嗅觉传达亲自然而远文明的个人感受：看不到漆黑的屋顶，眼睛就会瞎；听不到流水一样的鹿铃声，耳朵就会聋；不走坑洼的山路，腿脚就会瘸；不呼吸山野的空气，一定会喘不上气来。

常青三年级写过一篇命题作文《看妈妈炒菜》。这个题目写不出太多的新意来，但对于实际上只学了一年半语文的常青来说，难度已经相当大了。我引导着他运用"五官"法来写。写什么呢？当然不能写煎鸡蛋喽，这个太简单，凑不够字数，那就写西红柿炒鸡蛋呗。做菜的时候，先让他在旁边观摩，边炒边详细讲解，这样孩子就有了直观的印象。写作时，重点放在炒菜，至于怎么准备、如何品尝等部分都一笔带过。

看妈妈烧菜（三年级作文）

番茄炒蛋是我最爱吃的菜之一。今天，刚好妈妈要做这道菜，我好奇地跑进了厨房，想看看这道可口美味的菜究竟是怎样从妈妈像魔法棒一样的巧手中变出来的。

妈妈从冰箱里拿出四个大番茄，两个鸡蛋，一根葱和半块姜，将他们仔仔细细、反反复复（**"仔仔细细"、"反反复复"这两个词同义反复，是为了凑字数**）地清洗干净后，把番茄切成一小块一小块的，（**"一小块"反复两遍，也是为了凑字数**）葱和姜剁成末，我很纳闷儿，问妈妈："番茄炒蛋，为啥要加姜和葱呢？"妈妈笑着说："这样才会变得更香呀！"，妈妈先打破鸡蛋，搅拌均匀，一切准备好后，往锅里倒了少量的油，然后点燃炉灶，当锅里冒起青烟的时候（**视觉**），只听"嗞啦"一声（**听觉**），鸡蛋由液体变成了金色的云彩（**视觉**），接着葱和姜飞入锅里，一股浓浓的香味扑鼻而来（**嗅觉**），然后，妈妈把番茄倒入锅里，不停翻炒。

终于，一盘香喷喷的番茄炒蛋就出锅了。<u>我迫不及待地尝了一口，"哇! 真是太好吃啦。"</u>（味觉）

写作过程，我引导着他，只要把事情写清楚就算过关了，不作过高要求。初学写作，孩子还摸不着门道，需要父母帮助他去选题、整理思路、搭建语句。

指导他用"五官法"写了两三篇作文以后，他入门了。到了四年级，"五官写作法"顺其自然渗透进他的作文里，已经不需要我去指导了。《我班的运动小达人》中，也运用了听觉写作和视觉写作：

大家本来跑得挺起劲儿的，可是只跑了一百米，大家就喘起粗气来。<u>只见运动小达人脸红红的，手一前一后地摆着（视觉），脚踩在地上发出"咚! 咚!"的声音</u>（听觉），可以说是比其他同学快五十米了。他跑得飞快，从谁旁边"飞"过，谁的旁边就立即卷起了一阵风。他跑过了第一圈，好像才刚刚开始跑，一点也不累，而其他人呢，<u>有的"呼—呼—"地喘着粗气</u>（听觉），有的干脆又跑又走，还有的表情比哭还难看。

学习五官写作法，最便利的一个办法，就是让孩子复原当时场景中的声、色、味等感觉，慢慢引导，孩子就知道怎样使用这种方法了。

如果给五官排排队，哪个更重要呢? 你会说，废话，当然一样重要啊! 但真实情况是，我们特别依赖视觉。人是偏好视觉享受的动物，在艺术门类里面，雕塑、绘画、影视等最受大家喜爱，因为这些多是视觉艺术。电子产品的发明，又让人类更加依赖视觉。

因此写作时，人们也习惯从视觉出发来描写事物。

这是一篇三年级小学生写春天的作文。

花丛中，大片大片的桃花远远看去，就像粉色的云霞，颜色十分惹人喜欢；嫩黄的迎春花已经盛开了，向人们展现自己的风采；勤劳蜜蜂也在花丛中开始努力工作。

春天来到了大地上，小草仿佛给大地披上了绿色的新衣；柳树长出嫩绿的枝条像一根根小辫子。春风一吹，柳条随风摇摆，像少女正在翩翩起舞，好看极了。

在这篇作文中，春天所呈现出来的几乎全部是视觉印象，像云霞一样粉红色的桃花，嫩黄的迎春花儿，飞舞的蜜蜂，披上绿色新衣的小草，嫩绿的柳树条等，都是我们眼中熟悉的春天意象。如果我们尝试着拓宽一下视角，也许这个春天可能会有不一样的感觉。

写春天，估计每个孩子都被要求写过。但怎样能写出让人耳目一新的春天呢？我给大家推荐一篇把春天写得活灵活现的萧红的小说《小城三月》，值得孩子们欣赏和借鉴。

三月的原野已经绿了，像地衣那样绿，透出在这里，那里。郊原上的草，是必须转折了好几个弯儿才能钻出地面的，草儿头上还顶着那胀破了种粒的壳，发出一寸多高的芽子，欣幸的钻出了土皮。放牛的孩子，在掀起了墙脚片下面的瓦片时，找到了一片草芽了，孩子们到家里告诉妈妈，说："今天草芽出土了！"妈妈惊喜地说："那一定是向阳的地方！"抢根菜的白色的圆石似的籽儿在地上滚着，野孩子一升一斗的在拾。蒲公英发芽了，羊咩咩地叫，乌鸦绕着杨树林子飞，天气一天暖似一天，日子一寸一寸的都有意思。杨花满天照地的飞，像棉花似的。人们出门都是用手捉着，杨花挂着他了。

草和牛粪都横在道上，放散着强烈的气味，远远的有用石子打船的声音，空空……的大响传来。

河冰发了，冰块顶着冰块，苦闷的又奔放的向下流。乌鸦站在冰块上寻觅小鱼吃，或者是还在冬眠的青蛙。

天气突然的热起来，说是"二八月，小阳春"，自然冷天气还是要来的，但是这几天可热了。春天带着强烈的呼唤从这头走到那头……

小城里被杨花给装满了，在榆树还没变黄之前，大街小巷到处飞着，像纷纷落下的雪块……

这一段描绘了东北开春的画面，内容相当丰富。小学生写起春天来往往要写"小草发芽了，远远望去像一片厚厚的绿色的地毯"。你看萧红写的发芽的小草，句句带着生命诞生的欣喜，并且不是泛泛写"小草"，她对植物非常熟悉，信手拈来。好像她在用快镜头直播郊原上的草的生长过程，怎样转了几个弯，怎样破土而出，怎样胀破了种粒的壳，怎样发出一寸高的芽，又怎样被淘气的孩子在瓦砾底下发现冒了芽的小草，以及母子因发现小草而欣喜的对话……

对于这些植物，既有视觉描写，也有触觉描写。除了小草，萧红还写了冒籽儿的抢根菜、发芽的蒲公英、塞满了小镇的扬花、绕着杨树林子飞的乌鸦。用了听觉描写，羊咩咩叫、远处石子打船的声音。至于嗅觉描写，横在道上的草和牛粪放散着强烈的味道。

除此之外，这一小段可资借鉴的地方还很多。比如她使用的动词都特别有力，东北小镇春天的植物、动物、人都动起来了，一股生命重生的气息喷薄而出。你看，这一连串力透纸背的动词：原野的绿<u>透</u>出来，郊原的草<u>钻</u>出土皮，<u>胀</u>破了种粒的壳，<u>掀</u>起墙脚下面的瓦片，地上<u>滚</u>着的抢根菜的籽儿，野孩子一升一斗的在<u>拾</u>，人们用手<u>捉</u>着杨花，杨花<u>挂</u>着他了，冰块<u>顶</u>着冰块……还有非常节制含蓄地使用拟人修辞。"河冰发了，冰块顶着冰块，<u>苦闷地又奔放地</u>向下流。""春天带着<u>强烈的</u>呼唤从这头走到那头"。另外，句子的节奏也非常好，用简单的数字"一……一"形成文字的小旋律，"野孩子<u>一升一斗地</u>在拾"、"天气<u>一天暖似一天</u>，日子<u>一寸一寸的</u>都有意思。"

　　我们再来看看余华的小说《现实一种》。有个小孩子叫皮皮，他的爸爸妈妈都上班去了，家里只剩下一个老奶奶——老得什么都不关心，每天除了听自己骨头折断的声音，就是在房间里呆坐着。皮皮寂寞而又无聊，望着窗外的雨：

　　他们走后不久，皮皮依然站在原处，他在听着雨声，<u>现在他已经听出了四种雨滴声</u>，<u>雨滴在屋顶上的声音让他感到是父亲用食指在敲打他的脑袋</u>；<u>而滴在树叶上时仿佛跳跃了几下</u>。<u>另两种声音来自屋前水泥地和屋后的池塘</u>，<u>和滴进池塘时清脆的声响相比，来自水泥地的声音显然沉闷了</u>。

　　如果没有特别敏锐的耳朵，不易捕捉到这些声音。下落的雨点都一样，但落在不同物体上发出的声音可不一样：落在屋顶的雨滴像父亲在头上的敲打声，滴在树叶上的雨跳跃着，滴进水泥地的声音清脆，滴进池塘里的声音沉闷。古人常在听雨中诉愁绪，"雨打芭蕉""雨打残荷"，想必这又是另一种雨声吧。李商隐不是说"留得枯荷听雨声"嘛。你看，小小的一个雨点，可以借助它发出的声音，来制造不同的气氛。雨停了，这次皮皮从"听雨"变成了"看雨",由听觉转为视觉。

他重新站在窗下,这时窗玻璃上已经没有水珠在流动,只有杂乱交错的水迹,像是一条条路。孩子开始想象汽车在上面奔驰和相撞的情景。随后他发现有几片树叶在玻璃上摇晃,接着又看到有无数金色的小光亮在玻璃上闪烁,这使他惊讶无比。于是他立刻推开窗户,他想让那几片树叶到里面来摇晃,让那些小光亮跳跃起来,围住他翩翩起舞。那光亮果然一涌而进,但不是雨点那样一滴一滴,而是一片,他发现天晴了,阳光此刻贴在他身上。刚才那几片树叶现在清晰可见,屋外的榆树正在伸过来,树叶绿得晶亮,正慢慢地往下滴着水珠,每滴一颗树叶都要轻微地颤抖一下,这优美的颤抖使孩子笑了起来。

这段视觉文字写得非常细腻,光线的变动让世界丰富生动了起来。借助小朋友的眼睛,看到树叶和小光亮在玻璃上闪动摇晃,打开窗户,光亮变成了一片。余华用了一个很余华的词语"贴",说阳光此刻贴在孩子的身上,阳光变成了可触可摸的物体,还很温暖。甚至连每滴下一滴水珠、树叶都要轻微地优美地颤抖这样的细节也写到了。

凡是优秀的作家,一定拥有异常敏锐的感觉。张爱玲在《谈音乐》中,就写到她那独特的嗅觉:

别人不喜欢的有许多气味我都喜欢,雾的轻微的霉气,雨打湿的灰尘,葱蒜,廉价的香水。像汽油,有人闻见了要头昏,我却特意要坐在汽车夫旁边,或是走到汽车后面,等它开动的时候"布布布"放气。每年用汽油擦洗衣服,满房都是那清刚明亮的气息;我母亲从来不要我帮忙,因为我故意把手脚放慢了,尽着汽油大量蒸发。牛奶烧煳了,火柴烧黑了,那焦香我闻见了就觉得饿。

油漆的气味，因为簇崭新，所以是积极奋发的，仿佛在新房子里过新年，清冷，干净，兴旺。火腿咸肉花生油搁得日子久，变了味，有一种"油哈"气，那个我也喜欢，使油更油得厉害，烂熟，丰盈，如同古时候的"米烂陈仓"。香港打仗的时候我们吃的菜都是椰子油烧的，有强烈的肥皂味，起初吃不惯要呕，后来发现肥皂也有一种寒香。

把五官感受到的，用语言描述给对方，对方就能感受到你的感受。虽然人们所思所想不同，但我们拥有同样功能的五官，也就拥有了对事物共同的感受，所以"五官法"是传递事物最有效的方法之一。

五官打通法：写美女

我们看到了什么，就写看到的，我们听到了什么，就写听到的。接下来，我们可不可以换种玩法，把看到的，转换成听觉语言，把听到的，转换成嗅觉语言呢？比如一个女人长得美，人们就说"女人如花"，但这样的比喻太多了，缺乏新意，我们不妨换个思路：

看看她：她美成一朵海棠花。

舔舔她：她长得像一个蛋糕，甜甜的。

闻闻她：她长得像一杯鸡尾酒，散发着诱人的香味。

摸摸她：她长得像纷飞的雪花，那样轻盈灵动。

听听她：她长得像沙漠里一串驼铃，叮铃铃的……

打通感官之间的界限，也就打破了人们习以为常的事物之间的界限，就能制造出奇特的艺术效果，让人对习惯得麻木了的事物重新焕发出热情。张爱玲是打通五官写作的高手。我们以她那篇被誉为"中国自古至今最优秀的中篇小说"《金锁记》为例。

视觉转唤为嗅觉：

园子在深秋的日头里晒了一上午又一下午，像烂熟的水果一般，往下坠着，坠着，发出香味来。

视觉转换为听觉：

不大的一棵树，稀稀朗朗的梧桐叶在太阳里摇着像金的铃铛。

听觉转换为触觉：

她那平扁而尖利的喉咙四面割着人像剃刀片。

我们可以有意识引导孩子进行五官打通的练习。不一定是写作，你可以和他聊聊天。比如，黑颜色摸起来像什么，她的笑声尝起来是什么味道，她的声音闻起来像什么，看着他跑步就像是在听什么……孩子一定很喜欢这样打破常规的语言游戏。再比如，我们可以闭起眼睛来，抚摸一件物品，感受它的肌理、温度，用舌头舔一舔它的味道，用鼻子闻一闻它的气息，也可以尝试把它扔在地上，是骨碌碌滚动的沉闷的声音、还是哗啦啦破碎的声音。我们甚至可以把孩子的眼睛蒙起来，给他一件物品，通过摸、闻、舔、听来猜测是什么东西，让他把感觉说出来，你记下孩子的话，就是一篇很好的五官写作练笔了。

毕飞宇有篇小说《推拿》，是个运用感官错位很好的例子。主人公都是盲人，那么一切描述都不可能依靠视觉了，这很考验作者的写作功力。当然，这可能是障碍，又可能带来意想不到的艺术效果。两个盲人，一男一女，金嫣问泰来：

"泰来，我可漂亮了，我可是个大美女，你知道么？"

"知道。"

"你摸摸。好看么？"

"好看。"

"你再摸摸，好看么？"

"好看。"

"怎么一个好看法？"

徐泰来为难了。他的盲是先天的，从来就不知道什么是好看。徐泰来憋了半天，用宣誓一般的声音说：

"比红烧肉还要好看。"

我们已经习惯了用玫瑰、月亮、珠玉等漂亮的事物来喻写美人，从来没有人用"红烧肉"来比喻一个美女。在我们印象中，"红烧肉"一般都和肥婆啊、没有灵魂的肉体联系在一起。又毒又辣、骂人不带一个脏字的钱钟书大师，对于不喜欢的女人，在《围城》中一概以"肥肉"论处。你看穿着暴露性感的鲍小姐，钱老说她像"熟食铺子"，把颜色暖热的肉公开陈列；你看"欧亚大旅社"门口摊开白而不坦的胸膛喂孩子吃奶的胖女人，钱老说她不但肥，并且看起来脑满肠肥，彻底是肉，没有灵魂。

但在毕飞宇笔下，盲人的世界，最美好的事物不是视觉意象，而是嗅觉意象，把一个女人喻为"红烧肉"，对于嗅觉世界的人来说，就是最高级的褒奖了，但对于读者来说，却打破了我们习惯的语言联系，原来还能这样比喻美女啊！

五官变形法：写太阳和月亮

太阳是什么颜色？有人说是红色，也有人说是金色，但你见过黑色的太阳吗？诺贝尔文学奖获得者肖洛霍夫在他的小说《静静的顿河》中设计了一个情节，情人死了，葛利高里眼中的太阳发生了扭曲变形：

他好像从一场噩梦中醒来，抬起脑袋，看见自己的头顶是一片黑色的天空和一轮耀眼的黑色的太阳……

精神受到重创，蓝湛湛的天空、红彤彤的太阳变成了黑色，视觉上的变形，让人震撼。王国维说："以我观物，物皆著我之色彩。"，外在的事物变化了，是因为我们观察世界的心理发生了变化。艺术不是复制世界，而是展示作者眼中的世界。

苏联诗人玛雅可夫斯基写了一首列宁逝世后世人悲痛的诗歌：

悲痛

却像是脱缰野马

不见了太阳

不见了晶莹的火

只有黑色的雪花

巨大悲痛下，现实形象被扭曲变形。无生命成为有生命，抽象地成了具象的，听觉成了视觉，静的成了动的，这是心理感受使然。这一小节的诗眼，是"黑色的雪花"。雪花是白色的，妇孺皆知，但在诗人的眼里，因为悲恸，变成了黑色。谁见过黑色的雪花儿呢？显然违背常识，但在艺术的世界里，又合情合理。

说完了太阳，我们再来说说月亮。古典诗词中的"月亮"，大家太熟悉了,是中国古代诗人喜好的一个意象。月缺则怅然:"无言独上西楼,月如钩",月圆亦怅然:"明月几时有,把酒问青天",或被寄予相思:"明月千里寄相思",或不直陈月亮,转写月光:"云破月来花弄影"。

可到了张爱玲这里,"月亮"一反常态,与传统诗词意趣大不一样了,绝不是我们惯熟了的月亮的形象:

三十年前的上海,一个有月亮的晚上……我们也许没赶上看见三十年前的月亮。年轻的人想着三十年前的月亮该是铜钱大的一个红黄的湿晕,像朵云轩信笺上落了一滴泪珠,陈旧而迷糊。老年人回忆中的三十年前的月亮是欢愉的,比眼前的月亮大,圆,白;然而隔着三十年的辛苦路往回看,再好的月色也不免带点凄凉。

《张爱玲传》里提到,张爱玲小时候常常被父亲惩罚,关在小屋子里,夜晚她只能抬头仰望天上的月亮。因此"月亮"这个形象深深地烙在了张爱玲的心里,一有机会,它就乔装打扮,偷偷地溜出来,以各种各样的面目呈现在张爱玲的笔下。

"月亮",突破了古典诗词中的时间限制,跨越了时空,在不同年龄人的眼中,呈现出不同的样貌:在年轻人眼中,三十年前的月亮陈旧而迷糊,在老年人眼中,三十年前的月亮比眼前的大、圆、白。此处月亮,已非物理世界里我们看到的那个月球,而是经过作者感情浸染之后的月亮。

对于年轻人来说,为什么三十年前的月亮陈旧而迷糊呢?是因为隔膜,对未曾经历过的历史的隔膜。然而张爱玲并不用"隔膜",这个词太抽象,缺乏表现力,她只稍稍用了一个比喻:"铜钱大的一个红黄的湿晕",就把对历史遥远而模糊的感觉写出来了。张爱玲的比喻,精妙就精妙在狠、猛、准,像尖刀,如利剑。你看,"像朵云轩信笺上落了一滴泪珠",既诗意又贴切,真难为她怎么想得出!

对于老年人来说,为什么记忆中的月亮比现在的大、圆、白呢?因为过去历历在目,也许还刻骨铭心,人年纪越大,似乎对久远的记忆越清晰。那月亮和人一样,也就生出了感情,也带着欢愉的情绪。果真是月亮有感情了吗?其实不然,是老年人回忆往事时的心情是欢愉的,自然那月亮也透着一股子欢快。写到这里,已堪称绝妙了,但张爱玲接着又写了一句,"然而隔着三十年的辛苦路往回看,再好的月色也不免带点凄凉"。凄凉,才是张爱玲真正想说的,人生的无常与荒凉,力透纸背。

再来对比一下李白的《把酒问月·故人贾淳令予问之》中几句诗,像颠来倒去的文字游戏:

今人不见古时月,今月曾经照古人。

古人今人若流水,共看明月皆如此。

李白将明月与人生反复对照,今月古月实为一个月,而今人古人却不断更迭。张爱玲将三十年前的月亮放在年轻人与老年人眼中对照,同样透露着生命短暂与时间永恒之感。但年轻人与老年人眼中反差强烈的月亮形象,更增添了一丝人间气息,这人间气息带着无限的悲凉,像油渗入纸中,一点点洇出来,直至吞没整张纸。

再看"月亮"在一个绝望的、将死的人的眼中,又变成什么模样?

芝寿猛然坐起身来，哗啦揭开了帐子，这是个疯狂的世界。丈夫不像个丈夫，婆婆也不像个婆婆。不是他们疯了，就是她疯了。今天晚上的月亮比哪一天都好，<u>高高的一轮满月，万里无云，</u><u>像是漆黑的天上一个白太阳</u>。遍地的蓝影子，帐顶上也是蓝影子，她的一双脚也在那死寂的蓝影子里。

<u>窗外还是那使人汗毛凛凛的反常的明月——漆黑的天上一个</u><u>灼灼的小而白的太阳。</u>

把月亮喻为太阳，而且，这个太阳，竟然是白色的！白太阳！一轮灼灼的白太阳！张爱玲以强烈的个体感受颠覆了几千年来月亮的传统形象，原本"皎皎明月光，灼灼朝日晖"，现在日月颠倒。明月光，不再是古诗中洒向人间的一片清辉寒光，而是刺眼而炙热。在一个被折磨得即疯未疯、将死未死的可怜女人眼中，惟有"灼灼"月光才能表现出她精神处于崩溃边缘的痛苦。

钱钟书笔法老到，在《围城》里奉献出同样精彩的"月亮"：

这是暮秋天气，山深日短，云雾里露出一线月亮，宛如一只挤着的近视眼睛。少顷，这月亮圆滑得什么都粘不上，轻盈得什么都压不住，从蓬松如絮的云堆下无牵挂地浮出来，原来还有一边没满，像被打了耳光的脸肿着一边。

"圆滑""轻盈""蓬松如絮""像被打了耳光的肿着一边"……这些触觉词语，就好像能摸到月亮似的，这是钱钟书式的幽默，一看便知，别人学也学不来的幽默。

所以，写作时，你完全不必理会那些习惯的表达模式。一遇太阳必然红彤彤、金灿灿，一遇月亮必然像弯弯的眉毛、像镰刀，一遇星星必然像闪闪发光的宝石，一遇美女必然艳若桃花……抛开这些写法，大胆地去写吧。

"静物写生"法

以上所说的三种五官写作法，要从哪里开始练习呢？

老师经常告诉孩子，要写好作文，就得观察。但观察什么呢？怎么观察呢？每天有成千上万个信息流过大脑，什么值得观察，什么不值得观察呢？从什么角度观察呢？我们不妨从静物写生开始锻炼五官写作。

这个练习方法受到常青小时候学画画儿的启发。幼儿园时，一位老师责备他画得太慢，另一位却说他画得慢，但很用心。三岁多的时候，他开始涂鸦，一年间，他提起笔来只会画一个圆圈。四岁时，爷爷来到上海，常青同学拿起笔来得意地画了一个大大的圆圈，爷爷脸上登时写满了失落，不无遗憾地说："你一年前就画一个大圈圈，一年后还只会画个大圈圈。"

自此以后，我们都认为这孩子没有什么画画天赋。某一天，他突然铺开纸张画窗台上盛开的一盆花，第一次完成了一幅完整的画。自此以后，就一发不可收拾，每天都要画，有时候拦也拦不住。但让我困惑的是，某个阶段他不厌其烦地总画一种事物。比如车，画了有上百张。我们说："你总画车有什么意思呢？"但把这些画收集在一起比较，发现他有所进益。车逐渐有了细节：车灯、门把手、雨刮器，甚至连平时我们不太注意的加油孔也画了上去。车轮的画法，也由一个圆圈变成了半圆，他解释说另一半被车身挡住了。

常青画车，类似于静物写生。静物写生式写作练习，可以锻炼精细的观察能力、耐心细致描述事物的能力。因为它聚焦在一件可知可感的物体上，孩子写的时候就有着力点，不会因为描写事物太过宽泛而不知所措。在许多作家的笔下，我们都能看到这种静态写生式的写作。林海音《城南旧事》里写阳光，不直写阳光，而是精细描绘那细小的、不被人注意的尘埃。

我醒了，还躺在床上，<u>看那道太阳光里飞舞着的许多小小的，小小的尘埃</u>。宋妈过来掸窗台，掸桌子，<u>随着鸡毛掸子的舞动，那道阳光里的尘埃加多了，飞舞得更热闹了</u>。

再来看看迟子建在《额尔古纳河右岸》中如何描述一只花瓶：

我已经很久没有用那只花瓶了。瓦罗加知道我喜欢紫菊花，就特意做了个花瓶给我。<u>为了衬托紫色，他选的桦树皮都是颜色偏暗而且有水样花纹的。花瓶只有一巴掌高，侧面看是扁平的，上下一样宽，只不过瓶口微微往里收了收</u>。瓦罗加说插这种菊花，不能用又高又细的花瓶，那样不但花插得少，而且看上去花仿佛是受了束缚，不耐看。<u>插这种花朵不大而又枝叶繁茂的花，必须用口大而且瓶身低矮的花瓶，那样花儿看上去才精神</u>。……<u>我翻找出桦皮花瓶，注上水，插上紫菊花，把它摆到狍皮褥子前。进了花瓶的花儿就像一个姑娘找到了一个可靠的男人，显得更加的端庄和美丽</u>。

作者真有耐心，不吝笔墨来写一只花瓶，花瓶的颜色、花纹、大小、形态、材质。像这样的例子举不胜举。雨果《巴黎圣母院》用了十几页篇幅摹写巴黎圣母院，奥地利作家茨威格在《一个女人一生中的二十四小时》中不惜用近万字来写一个赌徒的双手，阿城在《棋王》中花费大量笔墨写一个在六十年代常常处于饥饿状态的下乡知青吃东西的样子。

我看他对吃很感兴趣，就注意他吃的时候。列车上给我们这几节知青车厢送饭时，他若心思不在下棋上，就稍稍有些不安。听见前面大家拿吃时铝盒的碰撞声，他常常闭上眼，嘴巴紧紧收着，倒好像有些恶心。拿到饭后，马上就开始吃，吃得很快，喉结一缩一缩的，脸上绷满了筋。常常突然停下来，很小心地将嘴边或下巴上的饭粒儿和汤水油花儿用整个儿食指抹进嘴里。若饭粒儿落在衣服上，就马上一按，拈进嘴里。若一个没按住，饭粒儿由衣服上掉下地，他也立刻双脚不再移动，转了上身找。这时候他若碰上我的目光，就放慢速度。吃完以后，他把两只筷子吮净，拿水把饭盒冲满，先将上面一层油花吸净，然后就带着安全到达彼岸的神色小口小口的呷。

这哪里是在吃饭！你看他对食物近乎虔敬的样子，不肯浪费一丁点儿食物的样子，把一个饱受饥饿折磨而对食物吝惜得几近苛刻的人写活了。

萧红更是不惜用两三千字写呼兰河小城街道上的一个大泥坑子。

东二道街上有大泥坑一个，五六尺深。不下雨那泥浆好像粥一样，下了雨，这泥坑就变成河了……天一晴，被太阳一晒，出来很多蚊子飞到附近的人家去。……若是一个月以上不下雨，那大泥坑的质度更纯了，水分完全被蒸发走了，那里边的泥，又黏又黑，比粥锅暄乎，比浆糊还黏。好像炼胶的大锅似的，黑糊糊的，油亮亮的，那怕苍蝇蚊子从那里一飞也要粘住的。……可是若三个月不下雨，这泥坑子就一天一天地干下去，到后来也不过是二三尺深……一下起雨来这大泥坑子白亮亮的涨得溜溜的满，涨到两边的人家的墙根上去了，把人家的墙根给淹没了。

一个大泥坑，有什么好写的呢？但是萧红却能把一个大泥坑写得惊心动魄：下雨时，不下雨时，一个月不下雨时，三个月不下雨时，下起大雨时……大泥坑里的各种动物，蚊子、苍蝇、小燕子和马以及人，如何与这个大泥坑发生关系，如何繁衍、挣扎、被吞噬。在这些细微的变化中，静静流淌着凡世的琐碎，生命的无常。作家个个都是工笔画家，那份细腻与耐心，让人敬佩。

花瓶、大泥坑、饥饿的人吃饭时的样子，平凡而普通的事与人……作者就是要给这些事物来个大特写，多么具体可感，瞬间便能唤起读者的情感反应，如果泛泛而谈，给人留下的印象就不深了。

✎ 教你一招：

1. 静态写生

我们都有过这样的体会。有人问："你居住的城市怎么样？"你一时语塞，这从哪里说起呢？如果换一种问法："你居住的城市冬天下雪吗？"那你肯定有话说了。孩子写作，同样的道理，你给他一个抽象宏大的题目，他都不知道从哪里开始。你给他一个具体的物品，能看得见摸得着，他就知道怎么写了。

所以，低年级孩子写作，应该从凝视、细描一件物品开始，进行片段练习。

挑选一样物体，有特点的，比如一只杯子、一个动物、一幅画、一个玩具都行。也可以让孩子挑选一张照片，从背景、拍摄的时间、合影的人等等来介绍。照片隐藏着大量的信息，如果孩子投入写作，也许还能挖掘出照片背后更多的故事呢。

有位犹太作家，二战期间被作为劣等民族受尽歧视与侮辱。他在作品中细描了一个小物件——黄色六角星。这是二战时期犹太人被强迫佩戴的印有黄色六角星中间写有"Jude"（德语犹太人）的袖章。物件虽小，却是耻辱的标志，让他遭受了非人的待遇。于是，他给这个小小的物件一个大大的特写：

犹太星，六角的大卫之星，黄色的布块，意味着瘟疫和隔离的颜色，嫉妒的颜色，进入血液中的胆汁色，必须躲避的邪恶色；黄色的布块上印着黑色的字迹："犹太人"，框在两个套在一起的三角线条里，由粗体印刷字母组成，每个字母的孤立状态和过于宽粗的横面线条给人以希伯来语文字的错觉。

这个描述太冗长了吗？不，正相反！只能说我乏术，无法作更加精确、更加令人刻骨铭心的描述。

多少次，当有一个新的黄星要缝上一件新的衣物时，缝上一件上衣或者一件工作服时，我拿着放大镜细细地察看那块布，看黄色织物的一条条纹路，看黑色印迹的不均匀之处——假如要往每一个小织格上系一个我所经历的黄星之苦，所有这些织格加起来都不够用。

孩子最初练笔，就像这位作者一样，拿着放大镜看物件，把它细细描绘下来。千万不要选择太抽象的事物作为作文题目：最幸福的一件事、最难忘的一件事、最好的朋友；也不要选择范围太大的题目：我的故乡、一座博物馆……抽象而宏大的事物，让孩子无从下笔。写作对象或者写作题目越具体，越容易聚焦，写作越有着力点。有了着力点，就不会写得空泛，更不必为写什么而发愁，只要尽情写就好了。这个练习，能锻炼孩子观察事物、调动五官的写作能力。

2. 片段写作，不求完整

结构完整的作文，对于初学写作的孩子来说，像个拦路虎，在他还没有体会到文字的美，用写作来表达自己的感受之前，就被硬生生拦在了写作之外。想想低年级孩子连句子都写不利索，连句与句之间的关系都无法照应，更遑论完整的结构。

常青的自主写作，常常被我戏称为"烂尾楼"。每每提起笔来，豪情壮志，似乎要写一部鸿篇巨制，一落笔，就是触目惊心的"第一章"，其实这一章不过就 200 多字。这我也忍了，最不可忍的是，经常断片儿，两章刚开了个头，然后就没有然后了。后来反思，这些"烂尾工程"，实际给他提供了难得的课堂之外的、自由练笔的机会，是我太急于见到成果。是不是烂尾无关紧要，重要的是，他尝试了，在实践的过程中他所获得的写作益处，远非我三言两语可以说清。

不设置作文题目，不要求完整的开头、主体、结尾，甚至不用顾忌语法规范。只让孩子细细描绘具体物体，仅仅一个小片段就行，写好后给别人读一读，最好听者能根据孩子的文字，画一画这个物体，让孩子当裁判，看看你画得像不像，如果不像，那么孩子回顾一下自己的文字，在哪里传递了不准确的信息，或者提供的信息不足。

3. 进阶写作

本节介绍了五官写作法，从简单到复杂的写法，都罗列出来了，你可以指导孩子依次进阶练习。

初级阶段：分别按照视觉、听觉、嗅觉、触觉、味觉来写。

打开五官，把儿童的感官锻炼得灵敏一些，尤其是嗅觉、触觉、听觉和味觉，更要调动起来。

想必每个孩子都写过关于春天的作文。但"春天"并不好写。"春天"是个季节，时间跨度大，万物变化多，涉及范围广，孩子很难把握。英国出版的《1000 种创意写作练习》设计了许多与春天有关的练习题目，提供了观察、写作春天的视角，都是相当具体的题目，孩子容易落笔。现摘选几条，我们可以按此引导孩子观察春天。眼睛看到了，心里有了，笔下自然就有了。

看春天：

观察一朵花的盛开，花开有许多细微的步骤，你有耐心每天观察花的盛开吗？

听春天：

（1）如果你能听懂鸟语，你认为鸟唱的歌是什么意思？如你也能说鸟语，你将和鸟说什么呢？鸟对于人类唱的鸟语，可能会是怎样的反应？

（2）春季容易引发过敏。春天最常见的声音就是打喷嚏。当你听到打喷嚏声，你的最主要的反应是什么？当你听到一声喷嚏时，你会说或做些什么吗？

（3）许多人们的打喷嚏声不一样。你的朋友中有谁的喷嚏声最大，最喧闹？这个声音和他个性相符合吗？为什么？你怎样描述自己的喷嚏声呢？

闻春天：

（1）下面几个地方，在春季闻起来有什么样的不同：放牧草场、湖边庄园、热带雨林？

（2）一只蜜蜂闻花朵，是怎样的感觉？描述一只蜜蜂兴奋地从一朵花到另一朵花跳舞时在想什么？

触摸、品尝春天：

坐在草地上，把手穿过草去感觉和大地的联系。你认为这样做的时候是什么感觉？

这些关于春天的练习设计得特别好，把春天具体化了，孩子能聚焦写春天了。可以选择两三种感觉来写，也可以集中一种感觉来写。

中级阶段：五种感觉错位写作，尝试着让五官打通。

这个物体看起来像什么声音，听起来像什么味道，摸起来像什么气味等等。常青曾经转唱过好几种音乐，让我猜猜，每种音乐引起我对哪个季节的想象。我们也可以放一段音乐，让孩子写写听音乐时候看到、摸到、闻到、尝到了什么，但注意，不能用听觉词。

高级阶段：反常的感受，即五官感受扭曲、变形。

敢于打破平常的感官联系，写得大胆夸张一些，不要被日常知识捆住想象力。太阳就一定是金色的吗？它不能是黑色的吗？月亮就一定是清寒的吗？它不能灼灼发光吗？只要记住，写作是语言艺术，贵在创造与突破日常知识就够了。

怎样让作文"好听"？

"琅琅上口"，我们常常这样夸奖一篇文章，读起来顺口，看起来顺眼，听起来顺耳！写作文时，培养起这"三顺"，就是人们俗常所说的语感。

文字会唱歌

汉字读起来天然带着节奏，即使你不读出声儿来，默读，节奏一样在心里奏响，恰当的节奏让文章像歌曲一样悦耳动听。

受到语文教材里《一字诗》的启发，常青二年级瞎诌了一首诗，算是他的处女诗作：

> 一树一鸽一只虫，
> 蚂蚁忙来又忙去。
> 柳树翩翩甩起叶，
> 松鼠窜上又窜下。

写好后读了一遍，他纳闷，为什么读起来不好听呢？说不出原因，但人们天生具有的音乐直感让他隐约觉得不好听。曾经给他读过现代诗《爸爸的鼾声》，"就像是山上的小火车\它使我想起\美丽的森林\爸爸的鼾声\总是断断续续的\使我担心火车会出了轨\咦\爸爸的鼾声停了\是不是火车到站了？"但他不喜欢，他说诗应该像古诗那样。他所说的"古诗那样"，主要指和谐的韵律节奏。中国人的审美趋向与观物方式都讲究成双成对，渗入语言中，人们喜欢一对儿一对儿地说话。如"胡马依北风，越鸟巢南枝"、"大漠孤烟直，长河落日圆"。

萧红的文字优美诗意，得益于小时候跟着爷爷念诗。她说不记得念了些什么，"只觉得念起来那声音很好听，所以很高兴地跟着喊。……每当祖父教我一首新诗，一开头我若听了不好听，我就说：'不学这个。'祖父于是就换一个，换一个不好，我还是不要。'春眠不觉晓，处处闻啼鸟。夜来风雨声，花落知多少。'这一首诗，我很喜欢，我一念到第二句，'处处闻啼鸟'那'处处'两字，我就高兴起来了。觉得这首诗，实在是好，真好听，'处处'该多好听。"

人们都说萧红的小说像诗一样，她按照诗的作法写小说，文字处处讲究，自然诗意盎然了。

<u>姑娘</u>、<u>媳妇</u>、<u>三个一群</u>、<u>两个一伙</u>，<u>一出了大门</u>，不用问到哪里去，就都是看河灯去的。（萧红《呼兰河传》）

长短句搭配，两个二字句，两个四字句，再加上一个五字句、一个七字句、一个八字句，整饬中夹杂变化。"三个一群""两个一伙""一出了大门"，数字之间有对应，自然带出一种节奏来。

那里边的人都是<u>天黑了就睡觉</u>，<u>天亮了就起来工作</u>。<u>一年四季</u>，<u>春暖花开</u>，<u>秋雨</u>，<u>冬雪</u>，也不过是随着季节穿起棉衣来，<u>脱下单衣去的过着</u>。生老病死也都是一声不响的默默办理。（萧红《呼兰河传》）

不管是二字词还是四字词，如果连用，一定有堆砌的感觉，视觉上审美疲劳，听觉上单调乏味。两个四字词语"一年四季""春暖花开"，搭配两个二字词语"秋雨""冬雪"，形成4、4、2、2的节奏，像舞蹈，旋转起来了。还有"天黑"对"天亮"，"穿起棉衣"对"脱下单衣"，不呆板，句式灵活有变化。

四年级，常青散步看到人家庭院里逸出几枝梅花儿，回来写了一首诗。

寒 梅
淡淡清香醉人心，

朵朵花瓣伴其阴。

寒冬草木尽残败，

只有梅开令人惊。

叠词"淡淡"对"朵朵"，动词"醉"对动词"伴"，"阴"和"惊"押韵，和二年级的处女作相比，他显然注意到了音节音律。常青明显意识到语言的节奏，是在四年级创作小说四个月之后，他对自己的写作水平逐渐产生了怀疑："杨红樱的小说比我的写得好多了，我怎样也写不到她那样的水平。比如她的文字都是相对的'大瀑布气势磅礴，小瀑布浅吟低唱'，'浅吟低唱'这个词，真好。还有比如'马小跳大错不犯，小错不断；进办公室垂头丧气，出办公室欢天喜地。'也写得特别好。"人与生俱来的节奏感和后天阅读中培养的语感，让常青能自动辨识写作的乐感。后来他把自己小说中"仿佛是章鱼的触手，又像是女士的长发飘扬。"修改为"仿佛是章鱼的触手飞舞，又像是女士的长发飘扬。"他说，这样更整齐一些，读起来也更顺口。

反之，如果缺乏节奏，或者节奏不和谐，就会影响到文章的质量。常青一直不喜欢背诵，为了提高效率，我偶尔陪他背诵。四年级（下）课文《拥抱大树》：

当记者采访这一新闻时，丹尼尔说："树木是人的好朋友，我们应该善待它，爱护它。我拥抱大树，是真心诚意的，希望通过这样做来表达我的歉意，表示我爱护树木的决心。"他还说，这件事给了他深刻的教训，使他深深地懂得，大自然给人们提供了生存的条件，每个人都受到了大自然的恩惠，我们要自觉地保护生态环境，同大自然和谐相处，这样，我们的生活就会快乐、美好。

孩子背诵起来相当困难。一是全部为空洞的大词。"善待""爱护""真心诚意""歉意""深刻的教训""深深地懂得""恩惠""保护生态环境""和谐相处""快乐美好"等等，孩子很难记住抽象的大词。二是语言粗糙，缺乏节奏感。"树木是人的好朋友"这句，常青背诵的时候总要不自觉地在"人"后面加一个"类"字。但孩子的语感是对的，"树木——人类——好朋友"，"树木""人类"是双音节词，读起来更顺畅。三是欧化句式多，不符合汉语表达习惯，句子显得冗长繁琐。比如"当记者采访这一新闻时"，改为"采访时"就可以了。因为采访者一定是记者，记者采写出来的一定是新闻，所以"记者采访"和"这一新闻"均可删去。

选取一段，我尝试着在句意不变的情况下，进行缩减。

原稿（81个字）：

他还说，这件事给了他深刻的教训，使他深深地懂得，大自然给人们提供了生存的条件，每个人都受到了大自然的恩惠，我们要自觉地保护生态环境，同大自然和谐相处，这样，我们的生活就会快乐、美好。

缩减稿（43 个字）：

他说，此事教训深刻：大自然与人互惠互利，我们要保护生态环境，同大自然和谐相处，才能生活得快乐美好。

我删除的，是句子中冗余的部分。"这件事给了他深刻的教训"中的"给了他"为多余成分，"使他深深地懂得"与"给了深刻的教训"，重复同一个意思，指代词"这样"毫无必要，"我们的生活就会快乐美好"中的定语"我们的"为多余词语。

40 个汉字能表达的，为什么用了 81 个字？很大程度上是汉语句子欧化导致的结果。关于欧化句对写作的影响，后面我还会谈到。

对偶对仗有乾坤

为什么文言文没有标点符号也不影响诵读，因为汉语本身有节奏，节奏断开的地方，往往也是断句的地方。季羡林在《谈写作》中说："对古人写文章，我还悟得了一点道理：古代散文大家的文章中都有节奏，有韵律。节奏和韵律，本来都是诗歌的特点；但是，在优秀的散文中也都可以找到，似乎是不可缺少的。"中国主要文学体裁宋词、元曲、唐传奇、明清小说等，无不受到韵律的影响。接受过私塾教育的现代作家，即使用白话写作，也非常讲究字、词、句的工整，音律的和谐。

我冒了严寒，回到<u>相隔</u>二千余里，<u>别了</u>二十余年的故乡去。

（鲁迅《故乡》）

我立刻转身向了书案，<u>推开</u>盛香油的瓶子和醋碟，子君便<u>送过</u>那黯淡的灯来。

（鲁迅《伤逝》）

"相隔"与"别了"，"二千余里"与"二十余年"，"推开"与"送过"，三组相对的词或短语。鲁迅这一代人的白话文为什么有韵味、耐读，因为他们有深厚的古典文学作底子，即使白话写作，也非常讲究措辞和整体的韵律。

语言精简、富于诗意的萧红作品，更是诗化语言的代表。

<u>公鸡三两只</u>，<u>母鸡七八只</u>，都是在院子边<u>静静地啄食</u>，一声不响，鸭子也并不<u>呱呱地直叫</u>，<u>叫得烦人</u>。（萧红《呼兰河传》）

"公鸡三两只、母鸡七八只"，"静静地啄食、呱呱地直叫"，五字句，两两相对，最后一句，用了顶真"叫得烦人"，既与前面两组五字句有关，又换了节奏。

三四十年代作家的作品文字韵律感强，源于他们扎实的国学根基，而现在部分作家的文字越来越不讲究音韵，很大程度上也源于基础语文教育中对韵律和谐的重视不够。以时下部编版语文教材与1933年出版的语文教材《国语新读本》为例，我们比较一下。《国语新读本》中有一篇《远足》：

远足

春天天气好，大家起个早，

排队去远足，不用车、马、轿。

跑过一村又一村，渡过一桥又一桥。

跑跑又停停，有说也有笑，

留心四面瞧，风景看不了：

山高高，水迢迢，

绿的树，青的草，

笑的花，唱的鸟。

鱼在河中游，虫在田里跳，

这是一个大学校，活的书本真不少，

请你读，读个饱。

要是累了，晚上回家早睡觉。

民国语文教材的选文，绝大多数都注重对仗对偶，"跑过一村又一村，渡过一桥又一桥。""山高高，水迢迢，绿的树，青的草，笑的花，唱的鸟。鱼在河中游，虫在田里跳，"非常工整；句末"早、轿、桥、笑、迢、草、鸟、跳、少、饱、觉"字，一韵到底，读起来朗朗上口。

恰巧部编小学语文教材第一册（上），也有一篇类似题材的选文《明天要远足》。

明天要远足

翻过来，

唉——

睡不着。

那地方的海，

真的像老师说的，

那么多种颜色吗？

翻过去，

唉——

睡不着。

那地方的云，

真的像同学说的，

那么洁白柔软吗？

翻过来，

翻过去，

唉——

到底什么时候，

才天亮呢？

两相对比，除了段落之间有呼应，部编版教材在字、词、句的运用上，并不太讲究节奏和韵律。教材不讲究，儿童写作时便不甚注意语言内部的音乐和谐。

句子长短有门道

蒋勋说《红楼梦》句子写得既精简，又能把人物的心理变化全部照顾到，有点像今天的新闻体，而现代小说的句子长得不得了。句子越长，句子的节奏就越复杂，不易形成明快适宜的节奏。

为什么我们的句子越写越长？五四运动以来欧化语法影响了汉语的表达。最常见的欧化句式"是……的"，源自英文表达。比如"wide is the gate, and broad is the way"，如果直译，"那门<u>是</u>宽<u>的</u>，路<u>是</u>阔<u>的</u>。"既啰唆，又不符合中文表达习惯。中式表达为"其门也阔，其路也宽"，就简洁多了。瞿秋白早年就指出，好端端的中式表达，变成了别扭的欧式表达。比如：

欧化句：她<u>是</u>有两个女儿一个儿子<u>的</u>寡妇。

中式句：她是一个寡妇，有两个女儿，一个儿子。

哪种表达更舒服、更符合汉语思维。我想，答案一目了然。后者读起来轻松，好理解。容易记住的，往往是短句子。

欧化句对我国学生写作表达影响之深之广，远超想象，哪怕是中文系毕业生的论文，还能经常看到"是……的"这样典型的欧化句子。

大学生毕业论文中大量使用"欧化句式"

欧化句	修改后中式句
每个年龄段的作者在这一年龄时期的三观其实<u>是</u>相近<u>的</u>。15-20 岁左右的作家们无论是从思维方式还是生活习性都<u>是</u>相似<u>的</u>，这一点<u>是</u>中国的教育方式和国情导致<u>的</u>。	中国的教育方式和国情，导致各个年龄段作者三观、思维方式、生活习性相近。
《女儿红》<u>是</u>台湾作家简嫃在单身的时候开始下笔<u>的</u>作品，但是《女儿红》<u>是</u>在简嫃结婚之后才出版<u>的</u>。	《女儿红》创作于简嫃单身之时，出版于她结婚之后。

除了加上系动词"是"之外，为了句子之间逻辑更加清晰严密，欧化句还会加上连接词。

欧式句：

只要天一亮，就出去锻炼。（加上连接词"只要……就"）

中式句：

天一亮就出去锻炼。（无需连接词，仅靠意合就能理解）

很明显，欧化句加上连词远远没有中式句来得那样简洁爽利，但英文要讲明白句子之间的逻辑关系，特别依赖系动词、连词。比如"Martin limped across the yard and into the sheltering darkness."，译成汉语，完全不需要连接词"and"（"和"），"马丁一瘸一拐地穿过庭院，躲到了阴影里。"

由此可见，欧式句与中式句，各自表达体系不同。欧式句更侧重句法的完整、逻辑的严密，但加上连词、系词，句子也随之变长了。我们中式表达，更注重的是意会，靠词句之间的意思连缀，无需太多的连词与系词，自然句子就短了。专家建议读古文，尽量不要读白话译本，否则，你无法感受真正简洁的中式表达。

汉语句子 7—11 个字最适宜。过长的句子，让读者读起来感到疲累。若文言文，则更短，一般三五句，多不超过七八句，十句以上的已经很罕见了。《聊斋志异》素以语言精简传神闻名，《山魈》写一山鬼夜访，句短意长。

麦秋旋里，经旬始返。启斋门，则案上尘生，窗间丝满。命仆粪除，至晚始觉清爽可坐。乃拂榻陈卧具，扃扉就枕，月色已满窗矣。辗转移时，万籁俱寂。忽闻风声隆隆，山门忽然作响，窃谓寺僧失扃。注念间，风声渐近居庐，俄而房门辟矣。大疑之。思未定，声已入屋。又有靴声铿铿然，渐傍寝门。心始怖。俄而寝门辟矣。忽视之，一大鬼鞠躬塞入，突立榻前，殆与梁齐，面似老瓜皮色，目光晱闪，绕室四顾，张巨口如盆，齿疏疏长三寸许，舌动喉鸣,呵喇之声,响连四壁。公惧极,又念咫尺之地,势无所逃,不如因而刺之,乃阴抽枕下佩刀,遽拔而斫之,中腹,作石缶声。鬼大怒,伸巨爪攫公。公少缩,鬼攫得衾,掷之,忿忿而去。公随衾堕,伏地号呼。

我对这一小段做了如下统计,看典型的中式句子是如何运作的。

《聊斋志异·山魈》句子长短统计表

	示例	句数	占整段比例
2 字句	中腹,掷之	2 句	3.7%
3 字句	启斋门,注念间,大疑之,思未定,心始怖,忽视之,公惧极,鬼大怒,公少缩	9 句	16.9%
4 字句	麦秋旋里,经旬始返,窗间丝满,命仆粪除……	22 句	41.5%
5 字句	则案上尘生,张巨口如盆,遽拔而斫之,伸巨爪攫公。	4 句	7.5%
6 字句	乃拂榻陈卧具,月色已满窗矣,忽闻风声隆隆,山门忽然作响,窃谓寺僧失扃,风声渐近居庐,俄而房门辟矣,俄而寝门辟矣。面似老鸦皮色。又念咫尺之地。不如因而刺之。	11 句	20.7%
7 字句	又有靴声铿铿然 一大鬼鞠躬塞入 齿疏疏长三寸许 乃阴抽枕下佩刀	4 句	7.5%
8 字句	至晚始觉清爽可坐	1 句	1.8%
共计 241 个字		共计 53 句	4.5 字/句

全段一共 53 句，共计 241 个字，平均下来，每句不到 5 个字。句子字数按使用比例来排个序：4 字句最多，其次是 6 字句，第三是 3 字句、7 字句，超短的 2 字句和最长的 8 字句最少。

可见，汉语句子少则 2 个字，多则不超过 8 个字，每句普遍为 4-5 个字。这足以说明，汉语表达字少意丰，且文中多为名词、动词、形容词等实词。代词常常承前省略，构造第一人称视角。连词也常常省略，以连贯前后动作、情节的发展，营造一种紧张、如临其境的气氛，最终使得读者忘记作者，甚至忘记故事里的人物，好像自己正在亲历故事中的一切。虚词也用，但哪里用哪里不用，取决于这段文字的节奏和文脉是否流畅。"乃拂榻陈卧具，月色已满窗矣"、"又念咫尺之地，不如因而刺之"。虚词"乃""矣""又"，使得这一小段文字前后句字数相同、音律和谐、如同唱歌，在更大的段落中又起到了调解韵律、丰富节奏的作用。但"麦秋旋里，经旬始返，窗间丝满，命仆粪除"这句就没用虚词。如果把"窗间丝满"，改成"丝满于窗间"，语义是一样的，而且更合语法，但是读起来，是不是很别扭，好像一口气在这里突然断了。

再看看学者袁进比较元杂剧《西厢记》和传教士用北京话改写《西厢记》版本，就更清楚了。

元杂剧：

谁想孙飞虎将半万贼兵，围住寺门，鸣锣击鼓，呐喊摇旗，欲掳莺莺小姐为妻。

翻译版：

孙飞虎大喜，以为此去定能得胜。第二天带着可山的偻㑩，嘴里吹着喇叭，蜂拥的来了，把那庙团团围住，围得水泄不通，口口声声要莺莺出来答话。

"鸣锣""击鼓""呐喊""摇旗"几个动词，相互没有语法关系连接，中国人读来立刻能体会到激烈的战争场面。按西方语法，传教士在改写中必须指明实施者"偻偻"蜂拥地来了，用"嘴"吹喇叭，用了补语"水泄不通"。这些成分的添加，让原来的中文句子长度增加，层次变复杂。

当然，引进欧化句，对于说理、论说文章有益，它丰富了我们的语法，表达更精确，结构更复杂，句子更有逻辑性。但作为儿童写作，不要刻意追求长句子，不迷恋关联词，先练习简短有力的句子。

目下中小学课本里大量译文与现代白话文的欧化句式，严重影响了学生的文字表达习惯，句子越来越长，越来越繁琐，失去了汉语的美感。如今小学低年级就开始大量练习关联词"如果……就；不但……而且；虽然……但是"，把简单句变成复杂句，把短句子变成长句子。

这是上海小学课本五年级（上）《寻找幸运花瓣》中要求背诵的一段。

原文：

我必须把目光直视着张开的花瓣儿，这样才能看得清它长着几瓣儿。于是，我侧着头，从左边看看，再从右边看看，有时候，还要弯下腰仰起头从下往上看。

修改1：

为了看清有几叶花瓣儿，我有时弯下腰，仰起头，有时目光直视着花瓣儿，左看看，右看看。

修改2：

我目光直视张开的花瓣儿，左看看，右看看，上看看，才看清长着几瓣儿。

这段文字，加入了很多欧式句的表达。比如大量不必要的"这样""还要""于是""再""有时候"等复指代词和连词，删除后完全不影响原句的表达，而且显得言简意赅。

选入课本的文章，尤其要求背诵的，必须字字珠玑，减一分太少，增一分太多，施朱太赤，傅粉太白，但是这段文字，着实谈不上精彩。很可惜，我们语文教材中现代文选文（包括译文）中欧式句法很多。因为觉得文字别扭，孩子在背诵的时候，觉得很难记忆。好的文字，既有感染力，又像音乐，儿童不仅喜欢读，而且背诵起来也更容易。

修饰语位置有讲究

如果说句子像一个人的话，那么名词、动词就是他的骨骼，立在那里，就有了人的雏形。修饰语则负责给这具骨骼填加血和肉，装扮这个人，让其丰满活泼。修饰语位置相当灵活，稍一变换，句子传递的意思就有微妙的变化。

名词的修饰语

名词的修饰语可前可后。

一般句式：

她一手提着竹篮，内中一个空的破碗。

鲁迅句式：

她一手提着竹篮，内中一个破碗，空的。（《祝福》）

一般句式：

她到年底就生了一个男孩子。

鲁迅句式：

她到年底就生了一个孩子，男的。(《祝福》)

"篮子"，是什么样的"篮子"呢？加上一个修饰语"竹"——"竹篮"，就更清楚了；"碗"，什么样的碗呢？加上修饰语"空的"、"破"——组成"空的破碗"。但鲁迅没有按常规写，他把修饰语"空的"与被修饰的"碗"用逗号隔开，为了强调这只碗是"空的"，表示祥林嫂并不真的讨钱讨饭，这为接下来她发出终极之问"人死后去哪里？"埋下了伏笔。鲁迅把修饰语"男的"与被修饰的"孩子"用逗号隔开，也是为了强调——在农村男孩很值钱，为后面阿毛被狼吃掉给祥林嫂造成巨大的精神打击埋下了伏笔。

动词的修饰语

高尔基的《海燕》，瞿秋白和戈宝权都翻译过，两个人都是文学家，同样一段文字，但译文句式选择上各有偏好：

"看罢，风儿抓住了一群波浪，紧紧地抱住了，恶狠狠地一摔，扔在崖岸上。"（瞿秋白）

"看吧，狂风紧紧抱起一层层巨浪，恶狠狠地把它们摔到悬崖上。"（戈宝权）

瞿版句由一系列动词"抓""抱""摔""扔"和它的修饰语组成短小精悍、铿锵有力的短语"紧紧地抱住"、"恶狠狠地一摔"，与文章的主题、氛围协调一致。而戈版只保留了两个动词"抱""摔"，因为添加了带有定语的宾语"一层层巨浪"，使用了带有状语的把字句"把它们摔到悬崖上",句子变长了。

萧红素来擅长儿童视角写作,儿童的语言本来就短促简单,所以她使用短句子多,语法简明、易懂,还有优美的节奏。

以下这段,按照正常的语序,可以写成:

夜一来,蛤蟆就在河沟里、洼地里叫,虫子也在院心草棵子里、城外的大田上、人家的花盆里、坟头上叫。

但萧红略微变动了一下状语的顺序,阅读体验就好了很多。

夜一来蛤蟆就叫,在河沟里叫,在洼地里叫。虫子也叫,在院心草棵子里,在城外的大田上,有的叫在人家的花盆里,有的叫在人家的坟头上。

语义不变的情况下,萧红有意改变了句子的正常语序,把原来在动词前做状语的介词短语"在……"放在动词后,变成了动词的补语。一是句子变短了,读起来很省力;二是专门强调地点,让读者印象深刻;三是语言更为简洁有力,且围绕动词"叫"前后复现的5字句"在××里(上)叫"、8字句"在××的××里(上)叫"、10字句"有的叫在人家的××里(上)",又增强了整段的节奏感。

再来看,我若表达"天寒地冻"这样一个意思,写出下面的句子,已经觉得挺不错了:

严冬到来的时候,大地裂开了口子。

如果觉得上句表达不尽意,可以加上一些修饰语,表达得更丰富一些。

严冬到来的时候,大地毫无方向地,随时随地裂开口了。

这样一改,似乎已经更不错了,但作家还不满意,萧红这样写:

严冬一封锁了大地的时候,则大地满地裂着口,从南到北,从东到西，几尺长的，一丈长的，还有好几丈长的，它们毫无方向地，便随时随地，只要严冬一到，大地就裂开口了。

核心动词"封锁"，比前一句的"到来"不知要高明到哪里去了，准确而有力。严冬的肃杀，小镇的封闭，用"封锁"很恰当，似乎再也找不出比它更适合的词了。

还不仅如此。满地裂着口，怎样裂的呢？有一长串状语"从南到北，从东到西，毫无方向地，便随时随地"来修饰大地怎样裂着口子。裂着怎样的口子呢？有一长串定语"几尺长的、一丈长的、还有好几丈长的"来修饰开裂的口子。

如按欧式写法，可能就变成了一个超长的句子：

严冬一封锁了大地的时候，则大地从南到北、从东到西毫无方向地、便随时随地满地裂着几尺长的、一丈长的、还有好几丈长的口子，只要严冬一到，大地就裂开口了。

欧式句超长超复杂，但萧红的文字读起来却毫不费力，秘密就在于把定语和状语单拎出来，主语与谓语也不会因为定语或状语的侵入而相隔十万八千里。

反复之美

恰当的反复，让文章节奏匀称，有回环往复的音乐感。常青一年级写作，就表现出对反复而工整句子的爱好。不是什么天分，主要是受学前绘本图书中大量的反复句子、反复段落的影响。"反复"是童话、民间故事中最基本的叙事手段，所以初学写作，孩子对反复的句子、段落一定不陌生。

萧红小说语言有种特别迷人的旋律，简单、稚拙、哀伤，似不经意，轻轻带过，却举重若轻。

祖父戴着一个大草帽，我就戴一个小草帽；祖父栽花，我就栽花；祖父拔草，我就拔草。

人物、动作、句子节奏均两两相对，像儿歌，带来了绵长悠远的感情，我与祖父的清深意浓就写出来了。我们熟悉的修辞手法，尤其小学生作文中推崇的那一套：大量的四字成语，排山倒海的排比句，连篇累牍的拟人句，都很少用到。她用了极简单的文字，极简单的句式，就写出了极美好的文章。秘密在哪里呢？

萧红用小孩儿的口吻讲故事，当然话语也是小孩儿的话语，小孩儿的话语有什么特点呢？重复句多，少变化，简单句多，复杂句少，描述性语言多，说明性语言少，有时甚至不太符合语法规则。萧红复原孩子的语言，但她可不是完全照搬孩子语言，而是做了不易察觉的艺术处理，语言显得朴拙却不幼稚，文风显得清新却不寡淡。大量重复单调的句式在萧红安排的舒缓的节奏下，透着深深的悲凉。

我生的时候，祖父已经六十多岁了，我长到四五岁，祖父就快七十了。我还没有长到二十岁，祖父就七八十了。祖父一过了八十，祖父就死了。

单调反复的句型，复沓回荡的叙述方式，透露出儿童的稚拙和朴实。娓娓道来，节奏徐缓，却又内蕴深藏，浑朴醇厚。作家絮絮叨叨地叙述祖父年龄与自己年龄的变化，流露出对祖父的怀念，拙而有味，情致在焉。

一般写法：

除了我家的后园，还有街道、大河、柳条林，以及更远的，什么也没有、也看不见、也听不见的地方。

作家写法：

除了我家的后园，还有街道。除了街道，还有大河。除了大河，还有柳条林。除了柳条林，还有更远的，什么也没有的地方，什么也看不见的地方，什么也听不见的地方。（萧红《呼兰河传》）

"除了……还"的反复使用，看起来好像景色很丰富，小镇每一样景物都得到了强调，其实突出的是小镇的封闭与单调。"什么也……"的反复使用，暗示着除此之外，再就没什么了。

正因为汉语语法灵活，修饰语位置灵活，绝不拘泥于一种句式、一类表达，我们可以随意组合句子。

1. 门口站着一个人。

2. 一个人在门口站着。

3. 一个人站着，在门口。

4. 门口，站着人，一个。

四个句子，意思一样，怎么安排，当然要看上下句，怎样协调顺畅，又符合语境。如果你觉得人重要，就选句2，如果你想强调地点，就选句3，如果你想强调数目，就选句4，如果你没有特别想引起读者注意的，就选句1。逗号放在哪里，是有用意的。

作家萧红示范了如何将几个简单的字词调兵遣将。我们来看她怎样叙述五个孩子出场。

她一开门就很爽快，把门扇刮打地往两边一分，她就从门里闪出来了。随后就跟出来五个孩子。这五个孩子也都个个爽快。像一个小连队似的，一排就排好了。

第一个是女孩子，十二三岁，伸出手来就拿一个五吊钱一只的一竹筷子长的大麻花。她的眼光很迅速，这麻花在这筐子里的确是最大的，而且就只有这一个。

第二个是男孩子，拿了一个两吊钱一只的。

第三个了是拿了个两吊钱一只的。也是个男孩子。

第四个看了看，没有办法，也只得拿了一个两吊钱的。也是个男孩子。

轮到第五个了，这个可分不出来是男孩子，还是女孩子。

五个孩子，一一亮相，就要介绍五次。五次的句式基本相似："第一个……第二个……第三个……"这种写法在小说中并不常见，看起来有点笨拙。但小说假借小女孩的眼睛讲述故事，所以采用简单的、符合儿童阅读的写法。句式相似，又要写五遍，怎样才能有变化呢？我们先看看孩子的性别介绍，萧红是怎样微调的？

"第一个是女孩子……第二个是男孩子……"，第一、二句句式一样，把性别放在句首。

"……也是个男孩子，……也是个男孩子"，三、四句句式相同，把性别放在句末。

"这个可分不出来是男孩子，还是女孩子。"第五句打破了前面句子的规律。

反复中富于变化，是让文章听起来更好听的法宝。余华《许三观卖血记》里非常注重这一点。在这段话中，作家为了求得整齐中富于变化的美，对句子顺序进行了巧妙安排。

许三观开始哭了，他敞开胸口的衣服走过去，让风呼呼地吹在他的脸上，吹在他的胸口；让混浊的眼泪涌出眼眶，沿着两侧的脸颊唰唰地流，流到了脖子里，流到了胸口上。（1）他抬起手去擦了擦，眼泪又流到了他的手上，在他的手掌上流，也在他的手背上流。（2）

　　他的脚在往前走，他的眼泪在往下流。（3）他的头抬着。他的胸也挺着，他的腿迈出去时坚强有力，他的胳膊甩动时也是毫不迟疑，可是他脸上充满了悲伤。（4）

　　他的泪水在他脸上纵横交错地流，就像雨水打在窗玻璃上，就像裂缝爬上炔要破碎的碗，就像蓬勃生长出去的树枝，就像渠水流进了田地，就像街道布满了城镇，泪水在他脸上织成了一张网。（5）

　　整段文字读下来，亲切顺畅，像口语又不完全是口语，仿佛一小节主题鲜明又起伏变幻的乐曲。我们先来看第1小节乐曲。

　　许三观开始哭了，他敞开胸口的衣服走过去，让风呼呼地吹在他的脸上，吹在他的胸口；让混浊的眼泪涌出眼眶，沿着两侧的脸颊刷刷地流，流到了脖子里，流到了胸口上。

　　"让风呼呼地吹在""让混浊的眼泪涌出"，两个"让"领起的句子，两两对应。"吹在他的脸上""吹在他的胸口"，两个"吹"领起的句子，两两对应。"沿着两侧的脸颊刷刷地流，流到了脖子里，流到了胸口上"，三个"流"，顶真加上反复修辞，齐整中有变化，变化中有呼应，呼应里有音节。

　　再来看第2小节乐曲。

　　他抬手去擦了擦，眼泪又流到了他的手上，在他的手掌上流，也在他的手背上流。

　　还是写眼泪四处横流，还是写眼泪流到了身体上某个部位。如果仍按前一段的句式，未免单调。作家略略变换了句子的顺序。不用"流到他的手掌上"，用的是"在他的手掌上流"；不用"流到他的手背上"，而说"在他的手背上流"。这就是为了在整齐的节奏中寻求一点变化。三个"流"字，串连起一个有韵味的句子"眼泪又<u>流</u>到了他的手上，在他的手掌上<u>流</u>，也在他的手背上<u>流</u>。"

第 3 小节乐曲，再次换了句式。

他的脚在往前走，他的眼泪在往下流。

又是相对应的两句，"他的脚"对应"他的眼泪"，"在往前走"对应"在往下流"。

继续来看第 4 小节乐曲。

他的头抬着，他的胸也挺着，他的脚迈出去时坚强有力，他的胳膊甩动时也是毫不迟疑，可是他脸上充满了悲伤。

连续四个主语，都是相近的结构，"他的头""他的胸""他的脚""他的胳膊"，四句话，前两句简约，后两句复杂，像是急行军，一步快似一步。最后一句"可是他脸上充满了悲伤"，转折句打破了前面四句统一的节奏。

最后一部分第 5 小节乐曲。

他的泪水在他脸上纵横交错地流，就像雨水打在窗玻璃上，就像裂缝爬上快要破碎的碗，就像蓬勃生长出去的树枝，就像渠水流进了田地，就像街道布满了城镇，泪水在他脸上织成了一张网。

承接前面一句，细描他脸上的泪水，4 个明喻"就像雨水打在窗玻璃上""就像裂缝爬上快要破碎的碗""就像蓬勃生长出去的树枝""就像街道布满了城镇"，完全相同的句式，意象却丰富，读者不感单调，最后 1 个暗喻"泪水在他脸上织成了一张网"。

这一段，初读浅白通俗，再读才发现作者苦心经营的词与词、句与句、段与段之间的韵律。

父母是最好的朗读者

孩子的作文，能得到多少被朗读的机会呢？恐怕只有极少数优秀作文，才有机会在全班朗读。我来说说朗读孩子作文的好处。

常青写好作文，我要召集全家围坐在一起，听我朗诵他的作文，尽可能用柔和的、赞许的声音。他很享受大家听他作文的时刻，常常带着羞赧的、期待的表情听我朗读。读完之后，每个人不能只说"好、不错"就完事儿了，必须挑出作文中哪里写得好。比如哪一句特别幽默啊，哪一句特别传神啊，甚至哪一个标点符号用得恰到好处。至于措辞不合适、语法有误的地方，凭借孩子的语言积累，他完全有能力依靠语感修改。有时读毕我们还没讨论完，他就二话不说拿起作文，拔腿跑回房间修改去了。写的时候没留意的，听的时候，却能听出来。

写作，把声音转为书面，而朗读，将书面的再转回声音。听比读来得容易，孩子写的时候看不到的问题，读的时候，就能听出问题来。

老舍说他自己写作中有一个窍门，一个东西写完了，一定要再念再念再念，念给别人听，看念得顺不顺？准确不？别扭不？逻辑性强不？……看看句子是否有不够妥当之处。朗读给自己听，不如朗读给别人听。文章是自己的好，自念自听容易给打五分，念给别人听，即使听者是最客气的人，也会在不易懂、不悦耳的地方皱皱眉。

朗读，相当于孩子的作品发布会。孩子觉得你很重视他的作文，写作中就有了动力和期待。因为他有忠实的粉丝，能够理解他、宽容他，并且欣赏他的作品。

✏ 教你一招：

1. 当好孩子作文的第一读者

孩子写好作文，一定要读给家人听。家人不能只是拍手叫好，每个家庭成员都要挑出作文中写得好的地方，并且说明理由，越详细越好。一是肯定孩子的写作，二是表明你的夸奖很真诚，三是听文章比写文章更能让孩子听出自己写作的问题来，便于孩子自主修改作文。

2. 玩语序变化游戏

调整词语与句子的顺序，看看句子的变化。我们可以随意给孩子几个词："小辣椒""我们""揍""鼻青脸肿"，让孩子任意搭配句子。

（1）小辣椒被我们揍得鼻青脸肿。

（2）我们把小辣椒揍得鼻青脸肿。

（3）小辣椒被揍了，被我们揍得鼻青脸肿的。

（4）小辣椒鼻青脸肿的，被我们揍的。

（5）我们揍了小辣椒，揍得他鼻青脸肿的。

（6）我们不仅揍了小辣椒，还把他揍得鼻青脸肿的。

（7）要问小辣椒为什么鼻青脸肿的，那是被我们揍的。

（8）被我们揍得鼻青脸肿的那个人，是小辣椒。

（9）谁是小辣椒啊？就是那个被我们揍得鼻青脸肿的家伙。

（10）小辣椒不愿意上学，因为他鼻青脸肿的，不是跌倒摔的，而是被我们揍的。

（11）那个鼻子肿了青了，脸蛋也青了肿了的，是小辣椒，被我们揍的。

这个游戏能一直玩下去。句子变化无穷，当一个句子被绊住写不下去的时候，何不尝试换个句式，可能就顺畅了。用哪个句式，还要看上下文语境。比如小辣椒是你的好朋友，就用"小辣椒被揍了，被揍得鼻青脸肿的。"如果小辣椒是个恶棍，就用"谁是小辣椒啊？就是那个被揍得鼻青脸肿的家伙。"或者用调侃的语气写"那个鼻子肿了青了，脸蛋也青了肿了的，是小辣椒，被我们揍的。"

3. 多写中式句，避免欧式句

当代作家受欧式句影响至深，句法多不值得仿效，建议多阅读《唐传奇》《聊斋志异》《世说新语》一类短小精悍的中国经典作品，简短有力，言简意赅，富有节奏感、韵律感，符合中国人表达习惯。读得多了，儿童自然有了和谐顺畅的语感。

避免"流水账"作文

开头怎么写?

"从前有座山,山上有座庙,庙里有个老和尚在给小和尚讲故事,讲的什么呢? 从前有座山,山上有座庙,庙里有个盆,盆里有个锅,锅里有个碗,碗里有个匙,匙里有个花生仁,我吃了,你馋了,我的故事讲完了。"许多家长抱怨,孩子的作文写得像老和尚给小和尚讲故事,一通流水账。流水账,是儿童写作初期出现的最为普遍的现象。

我们先说说作文开头,看看一篇作文怎样糊里糊涂走上了流水账的不归路。

不要以"有一天……"开头

作家说一篇文章最难写的就是开头,因为开头承载了许多功能:要有吸引力,读者才愿意读下去;文章风格是幽默、含蓄还是讽刺,开头就奠定了基调;选用第几人称,意味着作者准备让谁来给我们讲故事……

儿童作文最常见的开头,就是写时间和地点。很多孩子作文开头,常从"有一天"或者"有一天"的变体"今天、昨天、那天、一天……"开始。语文课本不这样写,老师也没这样教过,为什么孩子们不约而同地要这样开头呢?

我注意到,这很可能是幼儿图书带来的思维习惯。"那天""今天""有一天""从前""很久很久以前"……绘本故事十之八九就是这样开始的。手头有本《童话寓言,想象文应该这样写》,随手选取了童话的一些开头:

1. 今天，小主人高高兴兴地去春游。

2. 有一天，月亮姐姐正在睡觉。

3. 有一天，天气好闷热，小青蛙出来散步了。

4. 一天，五个福娃在森林里散步。走到了一起，他们都很高兴。

5. 有一天在放学路上一滴雨水落在了一片叶子上变成了一个小男孩儿。

6. 今天天气格外晴朗，空气也非常清新。

"有一天"，并不指向哪一天，仅仅为了表达有这个时间而已。幼儿图书很少有对时间进行具体细致描绘的，顶多来个"秋天来了，叶子都黄了"。

为什么幼儿图书要弱化时间呢？一方面因为幼儿的注意力在故事情节、人物和对话上面，另一方面幼儿对时间还没有特别具体的概念，他会说"我明天来，我昨天回去"这样混淆时间的话。所以在幼儿图书中，很少强调时间，只略微用一个被虚化了的时间"有一天"来表示。

当孩子六、七岁开始写作的时候，已经有了明晰的时间概念。但在写作时，他会不知不觉地把幼儿图书中的时间表达习惯带入小学写作，不假思索地从"有一天""今天""昨天"开始落笔。

这种影响甚至一直延续到成年。大学生写一份总结，也要在开头习惯性地感慨一下时间"时光匆匆，转眼一年过去了"，"白驹过隙，时间过得太快了"。即使我反复提醒，在青少年时期养成的写作思维与习惯一时半会儿还是很难根除，一些学生仍然固执地这样开头。这种写法，被我列为滥俗开头之一。

当然，并不是说绝对不能从"有一天"开始，而要看你怎样让"有一天"摆脱幼儿图书中被架空的时间，把它变成一个具体而充实的时间。

这一天，女贞路 4 号的早餐桌上又起了争执。一大早，弗农·德思礼先生就被他外甥哈利屋里的一阵高声怪叫吵醒了。(《哈利·波特与密室》)

"这一天""一大早"，仍旧是我们熟悉的写法，但作者加入了两件不同寻常的事情，让时间变得有意义：一个是"这一天"人们起了争执，一个是"一大早"哈利屋里有怪叫声，陡然引起读者的阅读兴趣。

所以，当常青开始写作文的时候，我就注意到了这个问题。大家都用"有一天"，是不是很乏味呢，我们能不能换个和他们不一样的说法呢？同样是昨天，我们能不能以"一个秋天的早晨""落雨的夜晚"来代替。儿童有能力写出花样繁多的时间，但如果不加以引导，孩子很难意识到开头还可以有那么多的写法。

"六要素"写作魔方：小学低年级适用

作文开头，无非告诉读者这样几个信息：谁，在什么时间，什么地方，因为什么，而做了什么，做得怎么样了？就是我们常说的六要素：时间、地点、人物、事件、经过、结果。除了"有一天"，我们是否还有其他的开头方式呢？如果说常青有写作老师的话，那肯定是 J.K. 罗琳和杨红樱。这两位作家的小说，他读了不下十几遍。我们一起看看深受小朋友们喜欢的杨红樱的小说是怎样开头的？

1. 写时间：

写时间，对大多数孩子来说，基本上采用以下几种模式：日记体"今天""昨天"，风景描述体"今天，蓝蓝的天空，万里无云"，童话体"从前""在很久很久以前",万能体"有一天""这一天"。

其实时间的表达方式有很多。如果对"时间"的理解宽泛一点,除了"有一天""今天""明天"这些没有太多个性色彩的时间词语之外,我们还可以写具体时间、节气、季节等,开头自然更灵活多样。

(1)直接点明时间:

儿童普遍写法:

昨天,开学了,我们又要回学校了!

作家示范:

在我们生活的这座城市,过了正月十五元宵节,春节就算过完了。新的生活又开始了!孩子们又开始准备返回学校。昨天,马小跳、唐飞、张达和毛超,还有杜真子都到秘密山洞里来了。他们说的全是关于今早学校开学典礼的事。

《笑猫日记·从外星球来的孩子》

杨红樱也用"昨天",但在"昨天"之前她有个时间背景的铺垫,介绍这是个春节结束之后的一天,使昨天变得更加具体。

(2)节气:

儿童普遍写法:

今天是清明节,我们全家去给小可怜扫墓。

作家示范:

"清明时节雨纷纷,路上行人欲断魂",这是关于清明节最著名的诗句。清明节是个美丽而忧伤的节日,到处都能见到手捧菊花的人。素雅的菊花,寄托着亲人对故人的哀思。

因为小可怜,清明节成了我们家最重要的节日。

《笑猫日记·又见小可怜》

清明节，作者从大家熟知的一首诗开始，写这是一个怎么样的节日，节日习俗是什么，再渐渐引入主题，"去给小可怜扫墓"。

（3）季节：（从花儿开始写时间）

读过杨红樱几十本小说之后，我发现作者是个特别热爱花儿的人。小说开头常常以花儿说事：夏天的荷花、秋天的菊花、冬天的腊梅花儿，虽写花儿，其实还是在写时间。

夏天：

儿童普遍写法：

夏天，我和虎皮猫带着我们的孩子——胖头、二丫和三宝，回到了翠湖公园。

作家示范：

又到荷花盛开的时候。

因为怀念翠湖公园里的荷花，所以我和虎皮猫带着我们的孩子——胖头、二丫和三宝，回到了翠湖公园。

翠湖公园依然美丽。

清晨，荷叶的清香一股一股地灌进秘密山洞，将我熏醒了。看看还在睡梦中的虎皮猫和三只小猫，我悄悄地走出了秘密山洞。

荷叶已将整个湖面铺满了。每一片荷叶，都像一个碧绿的玉盘，上面滚满了晶莹剔透的露珠。在晨曦的辉映下，颗颗露珠闪闪烁烁。

《笑猫日记·球球老老鼠》

秋天：

儿童普遍写法：

今天，翠湖公园的菊花都开了！

作家示范：

当最后一朵荷花在瑟瑟的秋风中凋谢后，菊花开了。我喜欢菊花，这虽然不如春天的花娇艳，却有傲霜的风骨。不知从哪一年开始，翠湖公园每年都要举办一次菊花会。从四面八方运来的上百种菊花，今天都在翠湖公园绽放了！

满园秋色。

《笑猫日记·绿狗山庄》

冬天：

儿童普遍写法：

今天是腊月初八，球球老老鼠一早便离开了翠湖公园，他让我在梅园等着他，不见不散。

作家示范：

到了十二月，就进入了腊月。

我喜欢腊月，是因为在腊月，腊梅花开。球球老老鼠也喜欢腊月，年轻的时候，他喜欢家家户户在腊月间做的腊肉腊肠。现在老了，他喜欢在腊月初八这一天，喝上一碗热气腾腾、又软又糯的腊八粥。

今天是腊月初八，球球老老鼠一早便离开了翠湖公园，他让我在梅园等着他，不见不散。

《笑猫日记·属猫的人》

杨红樱如何把"昨天""今天"这些没有性格的时间词，写得有声有色。她的做法是，不着急进入主题句，先做铺垫，比如写翠湖公园的荷花，暗示故事发生在夏天。比如写荷花凋、菊花开，暗示秋天到了。比如"我"和"球球老老鼠"，一个因为腊梅花，一个因为腊月有好吃的，都喜欢上了腊月，由此引出故事发生的时间是冬天。

2. 写地点：

儿童普遍写法：

马小跳住在翠湖公园附近的鹦鹉巷，巷子里有一家"老树咖啡"店。

作家示范：

翠湖公园的附近，小巷密布，每一条小巷都有自己的特点，每一条小巷都有自己的历史。所以，每一条小巷都有自己的名字：栽着桂花树的叫"桂花巷"，栽着樱花树的叫"樱花巷"，栽着柳树的叫"柳荫巷"；以前卖羊的叫"羊市巷"，以前卖锅的叫"铜锅巷"，以前卖鹦鹉的叫"鹦鹉巷"。

马小跳就居住在鹦鹉巷里。这是一条安静的小巷，巷口有一棵活了三百多年的银杏树，树下开了一家咖啡店，咖啡店的名字叫"老树咖啡"。(《淘气包马小跳系列·孔雀屎咖啡》)

这篇小说的开头，把镜头对准了故事发生的地点。但她并未开门见山，直指目的地，而是缓慢地移动镜头，先给一个广角镜头，让密集的小巷集体亮个相，再慢慢调整镜头瞄向马小跳所住的小巷，最后焦点对准咖啡店。最后一段，还用了一个顶真修辞手法，镜头由上到下滑动，"巷口有一棵活了三百多年的银杏树"，"树下开了一家咖啡店"，"咖啡店的名字叫'老树咖啡'"。

初冬的樱花巷，显得有点冷清。樱花树在上午的阳光里，把寂寞的影子斜在朱砂红的地砖上。

已经在樱花巷住了两年的贵妇犬菲娜，一门心思地想让小白和我，从樱花巷的巷头走到巷尾，又从巷尾走到巷头。

《笑猫日记·小白的选择》

还是写小巷，这次写樱花巷，直接点明时间与地点，当然，镜头也还是不忘停留在一些美好的事物上——樱花树。

3.写背景，引入话题：

儿童普遍写法：

有一天，张达在上学路上，碰到了夏林果。

作家示范：

张达喜欢和汽车赛跑。

上学路上，张达都是跑着去学校的。他会选一辆看着顺眼、方向也跟学校顺风的汽车，最好是越野车或者是小跑车，比赛的结果通常是张达赢的时候多，输的时候少，因为堵车。

这天，张达从他住的小巷跑出来，正要寻找一辆和他赛跑的汽车，突然，他看见了一个让他心跳的身影——夏林果。(《淘气包马小跳系列·奔跑的放牛班》)

每个小朋友都有去上学的经历。作者抓住孩子心理，重点在一个"跑"字，张达是跑着去学校的。张达是个孩子，不仅跑，还玩心大，不好好走路，要和汽车比赛。什么样的汽车呢？越野车或小跑车，不得了，都是速度特别快的车。那哪能赛得过呢？这不是不自量力嘛！最后作者来了一个小小的幽默，张达常常能赢，因为"堵车"。我们不禁哑然失笑。这是不是比直接来写"张达在上学路上见到了夏林果"要有意思多了呢？

4.写原因：

儿童一般写法：

马小跳和路曼曼是同桌，因为路曼曼总监视着马小跳，所以马小跳常常不开心。

作家示范：

马小跳每一天都过得很愉快。如果说他有那么一点点不愉快的话，那肯定都是因为路曼曼。

路曼曼是马小跳的同桌，是班主任秦老师派来监视马小跳的。

（《淘气包马小跳系列·袁隆隆老师》）

倒着写，就像我们在沙滩上倒着走路，能看到不一样的风景。"马小跳每天都愉快——但有一点不愉快——因为路曼曼——路曼曼是同桌——路曼曼是老师派来监视马小跳的。"这个写法，加了一些曲折的东西，一点一点透露给读者，诱惑读者想继续读下去。

5. 写对话：

（1）从人物说话开始

从对话开始，也是一种很好的开头方式。许多大作家都比较喜欢这种写法。因为委婉，借助人物之口，不经意间透露故事的时间、地点、人物等要素，避免生硬地由作者直接告诉读者。

"同学们，首届戏剧节是我们学校这学期的一件大事，也是我们班的重中之重，所以我们必须要重视。"秦老师在班上做动员，"全班同学要积极行动起来，献策献力，争取在戏剧节上拿一个奖……"

（《淘气包马小跳系列·白雪公主小剧团》）

戏剧节要开始了，不直说，而是借老师的嘴巴告诉读者，即将讲述一个与表演戏剧相关的故事，这就比直接告诉读者"戏剧节开始了，我们班要准备一个节目"来得生动活泼。

孩子们笔下的春天往往千人一面："春天来了，花红柳绿，春风拂面，我换上了春装"。杨红樱借用两个角色的争论来写春天：

春天到底是哪一天到来的？我和京巴狗地包天一直在争论不休。地包天说，春天是她的女主人给她脱下花棉袄，换上绿毛衣的那一天来的；我说，春天是第一阵春风吹来的那一天来的。

《笑猫日记·塔顶上的猫》

春天是多姿多彩的，不同的人看见的、感受到的春天也是不一样的。地包天眼中的春天是温暖的，是要脱下棉衣换上毛衣的季节，而我眼中的春天是春风拂面的那一天。这样，春天就被写活了。

（2）假装和读者对话

小说人物假装与读者说话，瞬间拉近了与读者之间的距离，让读者觉得你正和他面对面说话，特别亲切，像拉家常一样，顺便带出关键的信息来。比如笑猫介绍自己的名字及来历。

儿童一般写法：

我叫笑猫，我的主人是杜真子。

作家示范：

其实，读过《淘气包马小跳系列》那些书的人，对我应该是有些印象的。马小跳不是有个表妹叫杜真子吗？我就是她的那只心爱的猫。如果说我跟其他的猫相比较，有什么特别的地方，那就是我会笑——我一生下来就会笑，所以人们就叫我笑猫。

《笑猫日记·保姆狗的阴谋》

6. 写人物：

写一个人物的作文，比如《我的爸爸》《我的好朋友》等总要写到家人、同学。那么怎样开头呢？如果这个人的名字有什么说法，你就可以从他的名字开始，如果他有绰号，解释一下绰号的由来，也是不错的选择。如果没有绰号，你也可以调皮一下，给他个绰号，反正你的作文，你说了算。

（1）写人物的名字：

马小跳生下来的时候，他不叫马小跳，叫马小骥，一匹小骏马的意思。这是他爸爸的爸爸——他的爷爷几乎翻烂了一本新华字典，才取出的一个好名字。

……

马小跳是在跳，因为他愤怒，他对被迫从他妈妈子宫里被抢出来表示了强烈的抗议。他不能说话，他只能跳。可是刚出生的婴儿，力气太小，所以只能从台秤的计量盘上，通过那根跳来跳去的指针，才知道马小跳在跳。

……（百天纪念日）他们把马小跳抱到那张圆桌上，桌子的硬，桌子的凉，还有那么多陌生的人，立即摧毁了马小跳的想象世界，摧毁了他想象中的子宫。他感到不柔软，他感到不安全，他感到不舒服，最后他感到愤怒。

马小跳一愤怒就要跳。

马小跳一跳，跳起来离桌三尺高。

最高兴的是马小跳的爸爸马天笑先生，他觉得他儿子太好玩了，比他设计的玩具还好玩。为了让大家永远记住他儿子今天的壮举，他宣布他要把他儿子的名字改成"马小跳"。

《淘气包马小跳系列·贪玩老爸》

看似在介绍人物名字来历，其实悄悄地传递了许多信息呢。马小跳的爸爸叫什么、干什么工作、性格如何，马小跳调皮捣蛋的性格，都一一呈现。文字风格轻松愉快，夹杂着不少幽默风趣的小细节。

（2）写人物的关系：

在上幼儿园的时候，马小跳和路曼曼就是一个班上的。那时候，幼儿园的老师就让路曼曼管马小跳，因为路曼曼是幼儿园最乖最乖的乖娃娃，是老师的小帮手。马小跳呢，是幼儿园最淘气最淘气的淘气包，光靠老师来管他，根本就管不过来。

《淘气包马小跳系列·同桌冤家》

在写好朋友的时候，孩子们往往写得比较平淡，尤其在写两个人的关系时，更为平淡。《同桌冤家》却集中在一个"冤"字。一个是乖娃娃，一个是淘气包，既是同桌，又是性格截然不同的两个孩子，这就有故事了。

（3）写人物的特点：

张达的嘴巴像什么？像河马。可想而知，张达的嘴巴有多么的大。从一年级起，大家就叫他"河马张达"。他在肯德基吃汉堡，一般的双层汉堡包，他一口咬下去就是一半。就算三层的汉堡巨无霸，他也能一口咬下一小半来。还有，他吃薯条的时候，不是一根一根地喂进嘴里，他说那样吃，他心里着急。只有一把一把地把薯条塞进嘴里，他心里才不着急。这样一来，经常与张达形影不离的马小跳、毛超和唐飞，在吃东西的时候，都不愿意跟他在一起。原因嘛，可想而知。

《淘气包马小跳·四个调皮蛋》

写人，一般的写法，是对人物来个从头到脚的描写，不是不可以写，但往往无法突出人物的特点。《四个调皮蛋》写张达，就抓住了他的一个特点：嘴大。借助两个细节，一个是吃汉堡，一个是吃薯条，来突出张达嘴巴之大。小朋友大概都吃过汉堡，但能够想到用"咬汉堡"和"抓薯条"两个细节来表现嘴巴大的小朋友，恐怕就很少了。好的写作，就是把人们在日常生活中习焉不察的事情，能巧妙联系起来。

7. 写结果或事件：

马小跳、唐飞、毛超和张达四个人当中，只有马小跳去过高尔夫球场。他爸爸马天笑先生是高尔夫球俱乐部的会员，每周至少去打一次球，常常是周末去。以前，马天笑先生从来没有带马小跳去过，现在马小跳去过了，终于明白马天笑先生为什么不带他去：原来他爸爸去那里的目的根本不是去打球，而是在那里会朋友，谈生意。

《淘气包马小跳系列·巨人的城堡》

既不写时间，也不写风景，既不写人物特点，也不写对话，而是写他发现的一个大秘密：爸爸去高尔夫球场，不是去打球，而是谈生意，小说从一个事件开始。

以上列举杨红樱小说开头写作方法，既遵循写作开头的基本规律，不脱离六要素，又有作者的创意变化。美国常春藤名校入学考试必备读物《一本小小的红色写作书》中说："写作，一部分是科学，一部分是艺术。需要建构且遵循的规则部分是科学，可以根据每种情境进行变化的部分是艺术。""科学的部分"指的是时间、地点、人物、事件、原因、结果这六要素，也就是我们写作要遵循的规则。"艺术的部分"是我们可以根据情境对其进行变化，可直接可隐晦，可直白可诗意。

总之，别急着把一切都告诉读者，要和读者捉迷藏，牵着读者的鼻子走。从上面这些例子看到，我们有那么多开头的写作方法来选择，儿童完全可以避免从"有一天"开始作文。

"六要素"写作魔方：小学高年级适用

如果你的孩子能够毫不费力地模仿杨红樱的写法，接下来可以前进一大步，琢磨一下《哈利·波特》的开头，虽然仍旧不离六要素，但写法上，却有了更多变化，也更为复杂。

1. 在对比中写地点：

小汉格顿的村民们仍然把这座房子称为"里德尔府"，尽管里德尔一家已经多年没在这里居住了。房子坐落在一道山坡上，从这里可以看见整个村子。房子的几扇窗户被封死了，房顶上的瓦残缺不全，爬山虎张牙舞爪地爬满了整座房子。里德尔府原先是一幢很漂亮的大宅子，还是方圆几英里之内最宽敞、最气派的建筑，如今却变得潮湿、荒凉，常年无人居住。

(《哈利·波特与火焰杯》)

J.K. 罗琳非常擅长对比手法。开头写地点，短短几十个字，抛出了许多让人生疑的问题：里德尔一家为什么不在这里住了？为什么这么漂亮的房子让它空着，没有人住？为什么这个地方今非昔比，到底发生了什么？读者感到好奇，这一定是个有故事的地方。

《哈利·波特与密室》里信手就是一段地点的对比：

哈利和罗恩都不敢看他，跟着斯内普登上台阶，<u>走进点着火把的空旷而有回声的门厅</u>。从大礼堂飘来了食物的香味，<u>可是斯内普带着他们离开了温暖和光明，沿着狭窄的石梯下到了地下教室里</u>。

"进去！"他打开阴冷的走廊上的一扇房门，指着里面说道。

他们哆嗦着走进斯内普的办公室。<u>四壁昏暗，沿墙的架子上摆着许多大玻璃罐，罐里浮着各种令人恶心的东西，</u>哈利此刻并

<u>不想知道它们的名字。壁炉空着,黑洞洞的。</u>

两个地方,一热一冷,一光明一黑暗,对比明显。一个是飘着食物香味、空旷有回声、温暖又光明的地方,一个是石梯狭窄、走廊阴冷、四壁昏暗的地方。

有时,作者不写一个静态的地方,而是让它动起来。小说一开始,物随人移,看似景物不断变换,其实是人物迅速移动,制造出神秘而紧张的气氛。

他们往右一转,离开小巷,进入一条宽宽的汽车道。高高的树篱也跟着拐了个弯,向远处延伸,两扇气派非凡的锻铁大门挡住了两人的去路。他们谁也没有停住脚步,而是像行礼一样默默地抬起左臂,径直穿了过去,就好像那黑色的锻铁不过是烟雾一般。

(《哈利·波特与死亡圣器》)

2. 写炎热夏季一个干旱的地方:

再看以下这段,开头对时间与地点的具体描写,为整部小说渲染气氛、铺垫情节、交代故事发生背景。

<u>夏季以来最炎热的一天终于快要结束了,女贞路上那些方方正正的大房子笼罩在一片令人昏昏欲睡的寂静中。</u>平日里光亮照人的汽车,这会儿全都灰扑扑地停在车道上,曾经葱翠欲滴的草地,已变得枯黄——由于旱情严重,浇水软管已被禁止使用。女贞路上的居民,平常的消遣就是擦车和割草,现在这两件事都做不成了,只好躲进他们阴凉的房子里,把窗户开得大大的,指望着能吹进一丝并不存在的凉风。<u>只有一个人还待在户外,这是一个十多岁的男孩,这时他正平躺在女贞路4号外面的花坛里。</u>

(《哈利·波特与凤凰社》)

时间以"夏季以来最炎热的一天终于快要结束了"开始，地点以"女贞路上那些方方正正的大房子笼罩在一片令人昏昏欲睡的寂静中"开始。时间与地点并非干巴巴的、没有感情的物体，而是用"最炎热""方方正正""昏昏欲睡"一系列形容词，让这些地点透露出沉闷的感觉，为后面的主人公出场作铺垫。

3. 先写一个奇怪的人物：

以下这段没有费太多口舌，直接写人物。

说话的人坐在壁炉正前方，亚克斯利和斯内普一开始只能隐约分辨出他的轮廓。等他们走近了，那人的脸才从阴影里闪现出来：没有头发，像蛇一样，两道细长的鼻孔，一双闪闪发亮的红眼睛，瞳孔是垂直的。他的肤色十分苍白，似乎发出一种珍珠般的光。

（《哈利·波特与死亡圣器》）

人物奇特的长相，非人类的长相，又是一个与众不同的开头，强烈吸引着孩子们迫不及待地读下去。

小说开头修改记

研究儿童写作，没有比观察儿童自己修改自己的小说更好的机会了。常青在四、五年级时候尝试写了一篇2万字的小说《鲨鱼传奇》，对于一个四、五年级的小学生来说，相当不容易了。比起作文，这篇小说于常青有多重意义。首先要面对的，是怎样架构这么长的篇幅，场景换了六、七个，人物也有将近十多个，如何安排这些纷杂的场景、人物，还要兼顾气氛、文风、节奏等，挺考验儿童的写作能力。随着阅读与写作的深入，常青几易其稿，写一段时间，感到不满意，就会回头再阅读杨红樱系列小说与《哈利·波特》，不断从中汲取写作的方法。两年时间，前后大概修改了六、七稿，其中修改次数最多的，是小说开头。这个修改过程，动态直观地呈现了小学生对文章开头的认知过程。

常青用电脑写作、修改小说

初稿：

在海洋深处，有一个神秘的小镇，叫乖乖镇。

乖乖镇里面，住着一群十分友善的鲨鱼。他们每天过着美好的日子，大家可以尽情嬉戏、玩耍。

可是，在几座山谷外，有一个恐怖的古堡。里面住着许多邪恶的鲨鱼。他们无恶不作，一些潜水员游进去，就再也没出来过了。只有一个潜水员向人类发了一条信息：里面有一头僵尸鲨鱼。

这是初稿，显示出绝大多数孩子初学写作的特点——"童话故事"或者"从前有座山"式开头方式：海洋深处有个镇，镇里住着友善的鲨鱼，玩耍嬉戏……山谷外有个古堡，古堡里住着邪恶的鲨鱼，无恶不作。

开头六要素中，最主要的是时间、地点、人物、事件四个要素。原因和结果可以随着文章内容娓娓道来。说白了，写作开头读者最想知道的是：什么时候在什么地方，谁做什么了？

修改到第五稿的时候，常青对以上童话式的开头方式十分不满意，干脆全部删除，从古堡写起。原作中的五个字"恐怖的古堡"，在修改稿中，充实成近两百字：

修改稿：

在海洋的某个地方，有一座古堡。黝黑的石砖墙上长满了墨绿色的青苔，古堡的好几处墙壁都扭曲成歪歪斜斜的样子。古堡上的砖头已脱落了几块，每一个塔楼上有圆形尖顶的屋顶。有些墙壁屋顶是用橡木木板填补的，橡木木板上沟沟壑壑，颜色呈绛紫色，有些早就腐烂了，却没谁去管，去修。这很像一本恐怖小说里的一个建筑物。它轮廓狰狞，像是一个漆黑的怪物正在享受美味的动物尸骨，古堡的里面，也没有一丝温暖和亲切。

我问常青为什么要修改，他说原来写得太单调，现在想描写得更细致、更丰富，尽量写得夸张一些，让读者能想象出场景。我问，你也没见过古堡是什么样子，怎么写出这样细致的古堡呢？他说在电视上看到过一艘沉船，长满了青苔，像深渊一样，古堡就是按照这个沉船的样子写的，想尽量写得恐怖一些，就又加了一些细节。

文学写作，要"表现"出来，最忌讳"说明"。李清照最著名的一首词《声声慢》，一直都被认为是经典佳作，著名词评家叶嘉莹却批评该词"说明"部分是败笔。

寻寻觅觅，冷冷清清，凄凄惨惨戚戚。

乍暖还寒时候，最难将息。

三杯两盏淡酒，怎敌他、晚来风急？

雁过也，正伤心，却是旧时相识。

满地黄花堆积，憔悴损，如今有谁堪摘？

守着窗儿，独自怎生得黑？

梧桐更兼细雨，到黄昏、点点滴滴。

<u>这次第，怎一个愁字了得？</u>

她说有"寻寻觅觅、冷冷清清"八字就很好，找来找去找不到人的声音、脚步、气息，四围冷清，写出了孤单寂寞之感，但后面加上"凄凄惨惨戚戚"六字去说明，就有叠床架屋的感觉。对我们曾经赞不绝口的词尾一句"这次第，怎一个愁字了得？"她也认为有狗尾续貂之嫌，说明成分太多，忧愁不需要明说，表现出来就好。

常青在修改稿中很好地体会到了这一点：文学重在表现，而不是说明。

"古堡很恐怖"，一句抽象的说明，只是作者自己的判断。那这个古堡到底有多恐怖呢？你得把它展示出来，古堡的外形、材料、颜色是什么样的，它为什么让你感到恐怖？

在指导孩子写作时，要常问一句话："怎么……"，比如他说这只小狗很可爱。"可爱"，只是个抽象的判断词，多问问"怎么可爱呢？""它的毛色可爱呢，还是它的眼睛可爱？还是它调皮起来的姿态动作可爱呢？"这样一步步引导孩子把说明的事物逐渐拓展为表现。

再回头看看常青在这段修改文字中，怎样表现古堡的恐怖。"黝黑、墨绿色、绛紫色"，都是陈旧压抑的色彩，勾勒出一幅阴森暗沉的画面，暗示着城堡的主人也是阴郁的人。除了颜色，还写了古堡的形态，"古堡的好几处墙壁都扭曲成歪歪斜斜的样子，古堡上的砖头已脱落了几块，有些墙壁屋顶是用橡木木板填补的，橡木木板上沟沟壑壑，……有些早就腐烂了，却没谁去管，去修。"这一系列细描，又把城堡破败、古老的特点写了出来。

对古堡的色彩、形态介绍完之后，写了一句主观感觉："古堡的里面，也没有一丝温暖和亲切。"这句本身也有一些说明的成分，但在这句之前加了个比喻句，抽象的说明就变为表现了："这很像一本恐怖小说里的一个建筑物。它轮廓狰狞，像是一个漆黑的怪物正在享受美味的动物尸骨。"

所以文学作品里，最忌讳直接说明。比如冷，不直说冷，而换作人物动作"他缩成一团，牙齿咯咯地直打颤，"或者"他扎紧了围巾，风仍旧往脖领里直灌。"

常青在后面的写作中越来越凸显出要"表现"而非"说明"的清晰轨迹。

原稿：

随手拿出一些模样奇怪的东西，"<u>这是力量棒</u>。"他说，"看见<u>里面神秘的粉红色烟雾</u>了没？这是力量。我们只需要每个鲨鱼拿一个，冲上去揍他们就行了。"

修改稿：

随手拿出一些模样奇怪的东西，<u>足有四米多长，摸上去光滑得像玻璃，看上去像玉石，但比玉石华丽、轻，好像把一朵凝固却还能动的云捏成金箍棒的样子。只有制造者知道这是什么，但大多数居民猜测这是力量棒</u>。我们只需要每个鲨鱼拿一个，冲上去揍他们就行了——"。

小作者想象了一个力量棒，谁也没有见过它长什么样，修改稿中给了我们更多关于力量棒的细节，有触感、有色彩、有形态，这个无中生有的东西就有了生命，读者如睹其形。

作家示范：

最后我们看看作家如何用他们的妙笔开始一个故事。他们绞尽脑汁，变着花样儿写段首。

一天早晨，格里高尔·萨姆沙从不安的睡梦中醒来，发现自己躺在床上变成了一只巨大的甲虫。他仰卧着，那坚硬的像铁甲一般的背贴着床，他稍稍抬了抬头，便看见自己那穹顶似的棕色肚子分成了好多块弧形的硬片，被子几乎盖不住肚子尖，都快滑下来了。比起偌大的身躯来，他那许多只腿真是细得可怜，都在他眼前无可奈何地舞动着。

——卡夫卡《变形记》

小说开头，同样是简单的时间——一天早晨，人物——我，地点——床上，事件——变成了一只大甲虫，但这些简单的要素组合在一起，就不简单。躺在床上，那一定是个人，可为什么在某一个早晨他突然间变成了一只大甲虫？读者被这个炸雷般的开头震惊了，任何有好奇心的人，都想继续读下去。

今天，妈妈死了。也许是昨天，我不知道。我收到养老院的一封电报，说："母死。明日葬。专此通知。"这说明不了什么。可能是昨天死的。

——加缪《局外人》

仍是简单的几个要素，时间——今天，人物——妈妈，事件——死了。今天妈妈死了，这并不稀奇。稀奇的是，"我"竟然不知道妈妈死亡的确切日子，是今天？还是昨天？为什么母亲死在养老院，为什么"我"说起母亲的死亡，那样漫不经心？读者心中不免泛起一连串的疑问。

有没有看出一些端倪来？如果作品按照读者预测的方向，符合读者的阅读习惯的话，那就索然寡味了。以上两个例子虽然都有六要素，但其中一个要素的不寻常，就能激起读者的好奇心。"人变大甲虫"这个事件，"母亲死亡时间的不确定、死亡地点的不寻常"都让人感到莫名的不安。

主体怎么写？

儿童思维与"流水账"作文

流水账，并不是孩子写作能力的问题。年龄小的儿童，没有精细的思维，注意力转移快，叙述事情简单，还不能完全建立起事物之间的联系。反映在写作上，往往粗枝大叶，想到哪儿写到哪儿。

我们在大量的看图说话书籍中，就能看到这种特点。讲述简单、直接，很少展开描述。《小蝌蚪找妈妈》就是典型的儿童思维。一条故事主线，主人公走到一个地方，换一个场景，碰到一个人，发生一件事。"小蝌蚪游啊游，见到鲤鱼找妈妈……小蝌蚪游啊游，见到乌龟找妈妈……小蝌蚪游啊游，见到大青蛙，找到妈妈了。"而儿童书籍这种单线条讲故事的方式，直接影响到初学写作的儿童——作文的各部分平均使力、按照单线条来写。

儿童写作文，往往出现局部一两段还不错，但缺乏整体感，或者全篇没有什么重点，一一铺叙开来。要么被老师评定为跑题，要么被老师评定为选材不当。这都是儿童早期写作时普遍又正常的现象。

写重点，避免面面俱到

常青刚开始也写流水账。我只问他一个问题：文章中，你最想告诉别人什么呢？我们一起讨论了一个例子。

比方写你上学要走过一段很长的台阶，有人写走了一级、二级、三级……五十级台阶，这没有太大意义。如果你要写焦虑不安地等待发成绩，那么可以利用这个台阶，写你在台阶上来来回回地走，数过来五十级台阶，数过去五十级台阶，"数台阶"的行为，在作文中就变得有意义了，它折射出你焦灼的心情。

即使写一件事，一个人，也不可能把所有有关事情都写进去。一张纸，要变成一个漂亮的窗花儿，就要用剪刀按照头脑中的图画来剪。写作也是一样，要对材料进行筛选，不能面面俱到，什么都写。判断标准就是，看看选入的材料对于作文的主题有没有用处？

比如《格林童话·杂毛丫头》和《安徒生童话·世上最美丽的一朵玫瑰花》都写到一位皇后生病的故事，可为什么《格林童话》直接交代情节，而《安徒生童话》先要用大段的文字来写玫瑰花儿呢？

从前，一位国王有一个金发妻子。她非常非常漂亮，人世间再也找不出任何人能和她相比。可是，她病倒了。

（《格林童话·杂毛丫头》）

从前有一位权力很大的皇后。她的花园里种植着每季最美丽的、从世界各国移来的花。但是她特别喜爱玫瑰花，因此她有各种各色的玫瑰花：从那长着能发出苹果香味的绿叶的野玫瑰，一直到最可爱的、普罗旺斯的玫瑰，样样都有。它们爬上宫殿的墙壁，攀着圆柱和窗架，伸进走廊，一直长到所有大殿的天花板上去。这些玫瑰有不同的香味、形状和色彩。但是这些大殿里充满了忧虑和悲哀。皇后睡在病床上起不来。

（《安徒生童话·世上最美丽的一朵玫瑰花》）

后面这个故事，因为主题是：皇后生病了，只有见到世界上最美丽的玫瑰花，才能得救。那么，寻找世界上最美丽的玫瑰花儿，就成为故事的主线和推动力。所以故事一开头，就重点叙述了"玫瑰花"。

写作源于观察。为什么要观察呢？为详细描述做准备。你看张爱玲写阴天，因为她是南方人，所以她用江南常见的"蟹"来喻天色——"蟹壳青的天"。大概她对陶瓷颇为喜欢，所以她用了"天像裂痕的冰瓷纹"。你看北方作家，很少有人用"蟹"来喻天色，这都是生活环境使然。

叶嘉莹讲解唐诗宋词，对诗词的体会往往比有些理论家要深入得多，这源自于她用生命去阅读，用生命感受生命。我们看她对不同花儿的凋零、残破过程的观察，有多精微细致。

樱花落时是什么样儿的呢？樱花那么细小，那么碎碎的小花瓣，也许刚开出来只有一天，一阵风过，花都落下来了。所以杜甫说"一片花飞减却春，风飘万点正愁人。"

荷花飘落又不同了。荷花花瓣大，不会风一吹就全部掉落，它是慢慢地、一瓣一瓣地凋零的。所以有了"菡萏香销翠叶残，西风愁起绿波间"的诗句。

茶花花瓣从来也不落，它开到最后，就变成枯黄，萎缩在枝头。所以每一种花的残败，形式不同，给人的感受不同。

写特点，让人物活起来

就像世界上没有相同的一片树叶一样，也没有性格相同的人。写进文章里的人，不管他是慵懒、聪明、恶毒、狡诈、善良、平庸……一定要有特点。人物特点越鲜明，读者的印象就越深刻。比如常青在写姥鲨的时候，为了突出她的啰唆，专门设计了以下这则出自姥鲨之手的便条：

"咦，"巨齿鲨正在观察底下的一小行文字，既惊讶又好奇，就忍不住读出声来。

"奇怪的是，有一个样子很奇怪很奇怪的鲨鱼，奇怪地不参战，却奇怪地躲在了一块石头后面，就奇怪地消失了。可是，我们的士兵一个接一个，奇怪地死了。后来，那鲨鱼又奇怪地出现了。我们看了下，那奇怪的鲨鱼有着奇怪的触须，眼睛嘛，就属最奇怪的了：那奇怪的鲨鱼的眼睛奇怪地大，奇怪地突出，奇怪地黄，奇怪地圆。但是，那奇怪的眼睛上居然有个奇怪的十字，结果那奇怪的鲨鱼又奇怪地消失了。我们的士兵又一个接一个地死去，他们奇怪地胜利了。就在他们要走的时候，那奇怪的鲨鱼又出现了，和僵尸鲨鱼那个队伍走去。后来才知道，那个奇怪的鲨鱼有个奇怪的名字，叫'须鲨'。"

这绝对是姥鲨写的。只有姥鲨才会这样啰唆。

常青初稿中的人物——各种类型的鲨鱼，一股脑儿就搬出来了，刚开始看得我不知所云，人物太多了，看了两章了，我还没搞清楚人物关系以及人物的个性特点，似乎他们都长得一样，面目模糊。看完一稿，我大力夸奖之后，委婉地提出了一点建议。这个小镇是什么样，这个古堡什么样儿，和其他的古堡相比它有什么不同呢。还有人物出场太快，走马灯似的，读者来不及记住他们，况且他们也没有什么特点，就更记不住了。

修改稿中，人物渐渐有了清晰的特点，鲨鱼形态不一，性格也两样。小说的扉页，小作者对人物特点一一介绍。

巨齿鲨足智多谋、体型巨大、健壮魁梧，肚子是灰白色的，其他部位是土黄色的。他一般不说废话，但忍不住一说就滔滔不绝。巨齿鲨金点子多，英勇好战，而且做事总是十分麻利，是鲨中豪杰。

直升蝎通体紫色，肚皮白色，下牙呈锯齿状，但它是圆的，所以他可以轻易地咬死他捕捉到的猎物。直升蝎不爱说话，要说就说一两句，这高冷范儿得到了不少崇拜者，但都是小鲨鱼。

邓氏鱼智勇双全，看上去挺胖的，但对于其他邓氏鱼们来说，他还挺瘦的。邓氏鱼全身绿色，偶尔有些紫色，他的眼睛居然也是紫的。他的皮就像厚厚的铠甲，打他一拳，没反应。再打一拳，还没反应。他最大的兴趣爱好是看热闹。

原子鲨鱼身材瘦小，一副可怜巴巴的样子。他肚子呈灰白，其他部位呈橘色，身上有像倒扣着的玻璃瓶盖上去的东西，"玻璃瓶"里还有幽幽的绿光。他废话多，却总是斗不过巨齿鲨。

在扉页介绍每个人物特点的写法，完全借鉴了杨红樱小说中的写法，每篇篇首图文并茂介绍人物：

西瓜小丑：黑眼圈，红鼻头、头顶绿鹦鹉，身穿绿底黑条的西瓜服，他一出场，就能引得孩子们尖叫。他是给孩子们带来快乐的人。

菲娜：一只法国贵妇犬，头上有一堆卷卷毛。她酷爱打扮，每天都会变换头发的颜色：今天是红色，明天是绿色，后天不知道又会是什么颜色。

直到六年级的某一天，常青突然间否定了这种写法，他说更喜欢《哈利·波特》的写法，不要先——告诉读者，在小说中应该让人物慢慢展示自己的性格，听后，我心中窃喜。杨红樱小说的阅读对象的确是小学、甚至小学中低年级的儿童。我仍能想起四年级时候，常青捧着杨红樱的书自叹弗如，感叹她怎么能写那么好，而两年以后，他已经不满足于此了。儿童的进步，显而易见，当他对作品有准确的判断力的时候，预示着写作马上要进入新阶段。

当然，我还告诉常青，这只是一般情形，有些人就可以把流水账写得妙趣横生。比如余华的《许三观卖血记》，写一个人哭：

"他无声地哭着向前走，走过城里的小学，走过了电影院，走过了百货店，走过了许玉兰炸油条的小吃店，他都走到家门口了，可是他走过去了。他向前走，走过一条街，走了另一条街，他走到了胜利饭店。他还是向前走，走过了服装店，走过了天宁寺，走过了肉店，走过了钟表店，走过了五星桥，他走到了医院门口，他仍然向前走，走过了小学，走过了电影院……他在城里的街道上走了一圈，又走了一圈，街上的人都站住了脚，看着他无声地哭着走过去。"

这种写法，看起来很笨拙，有点像还没掌握太多写作技巧的孩子们写流水账的感觉。但如果我们读完整部小说，你就不会这样认为了。这是个小镇，本来不大，许玉兰是他的妻子，曾经开过油条店。胜利饭店，是这家人的历史记忆存放的地方；医院，是许三观屡次卖血的地方。许三观曾经依靠一次又一次的卖血，让家庭渡过了一次又一次难关。他老了，他的血再也卖不出去了，血站的人还讥讽他，说他的血只能当猪血一样用来刷家具。于是，许三观在大街上就哭起来了。这段看起来有些机械的走路，却把许三观人生中的重要场景连接了起来。所以，就像武林高手一样，最厉害的功夫，可能显得最为稚拙吧。

写一个疯狂的故事

你打算讲一个怎样的故事，先讲什么，再讲什么，不至于你还没讲完，读者已经昏昏欲睡了。国学大师钱穆先生告诉学生，作文就像说话，口中如何说，笔下即如何写。有次他出了作文题《今天的午饭》，抽取了一篇佳作，进行点评："今天午饭，吃红烧猪肉，味道很好，<u>可惜咸了些</u>。"钱穆说，说话要有点波折，这样才有趣，上述作文的最后一句话"可惜咸了些"，写得不错。

首先这个故事要好玩儿，读者要对你的故事感兴趣。其次故事能跑得起来，但要注意节奏，跑得太快，读者就跟不上了，跑得太慢，读者就会失去阅读的兴趣。常青写作的时候，往往要调皮一下，逗逗假想中的读者，吊吊读者的胃口，这其实就是架构故事的意识。当然，也有高手，会把一件乏味的故事讲得有声有色。

下面是常青三年级一篇期末考试作文，首先要表扬一下出题者，是小学阶段罕见的、幻想题材的、开放式的作文题目。

一个神秘的梦

早晨起来，丁丁向窗外一看，发现了一座雄伟的城堡，他跑到城堡前碧绿的草地上，听到里面传出了奇怪的声音，里面是谁呢？这时，城堡的大门吱吱呀呀地打开了，丁丁走了进去，他一眼就看见了阴森森的大厅里的一块儿原石上有五个大字"神秘的鬼堡"。果然，地上血淋淋的，丁丁的心咚咚直跳，想跑回家去，但他又想去探索一下这座城堡的整体。

他走在铺着一层厚厚的血地毯的走廊上，又听到了一阵怪声音："啊哈——哈——哈啊"，丁丁被这恐怖的声音吓了一跳，他飞一般地向大门口跑，忽然，一个锐利的箭从他的身边擦身而过，丁丁回过头一看，是一些骷髅拿着弓箭，丁丁赶紧跑向门外，他终于逃出了这一幕。

第二天一早，丁丁又向窗外看了一看，那城堡居然不见了！中午，怪事发生了：那座城堡又回来了。丁丁又一次走了进去，这次她看见了一个高高的人，他们全身上下黑洞洞的，眼睛是紫的，是末影人。丁丁小心翼翼地绕了过去。走到半路，有一声怪叫："啊——啊——啊——！"丁丁从梦中惊醒了，原来是一场噩梦，丁丁心里的一块儿大石头终于掉了下来。这时，妈妈大叫道："丁丁小宝贝，快来看啊，屋前有什么？"丁丁跑来一看，"妈呀，噩梦成真了！一座雄伟的城堡神奇地出现在了他家门口。"

故事之所以成为故事，值得写出来，一定有意味在里面。如果平铺直叙，没有惊喜和意外，没有戏剧性，看了开头，就猜到了结尾，就没什么意思了。一个故事，至少要好玩儿，情节有起伏，对吧！这个神秘的梦，前半部分按部就班，素材来源于他那个时期热衷玩儿的游戏，"末影人"等人物有浓重的电子游戏的痕迹，但结尾部分的安排，双重反转，还是挺让人意外的。醒来后松了口气，以为这是场噩梦，这是一重反转；待望向窗外，原来这一切都是真的，发生了二重反转。小作者感叹"噩梦成真"了。我们都说"美梦成真"，他这里安排了一个噩梦成真的结尾，一波三折，有点出人意表。

引人入胜的书

妈妈做了一桌饭菜，这些菜都是儿子最喜欢的饭菜，可儿子却没有来。她让爸爸过去叫儿子。

爸爸想："今天可是儿子最喜欢吃的饭呀！可是他怎么还没来?"爸爸发现儿子房间的门虚掩着，便推开门，走进她的房间，看见儿子正在看书，便说："儿子，走吃饭了。"可儿子不想吃："再过一会儿嘛!"爸爸只好用教训的口吻说："儿子，乖，听话，走吃饭啦！要不然饭菜都凉啦!"儿子只好一步三回头地离开了自己的房间。爸爸很纳闷："什么书让儿子那么着迷?"爸爸看了一眼，一下子就被书中有趣的故事迷住了。儿子来到了餐桌前。可等了很久，爸爸还是没有来。妈妈有点不高兴了："真是的，怎么还没来呀。这是怎么了? 饭菜都要凉了!"说着，她走进了儿子的房间。可妈妈也没有来，儿子也想去看个究竟。

儿子来到了他的房间。哇！爸爸妈妈正在看他的书呢。儿子笑了。他也走了过去……

在常青的习作中，这一篇写得不算好。首先，据我了解，这件事情并非真事儿，应该是他编造的；其次，可能因为是编造的，所以细节很少，甚至比较粗劣。但凡孩子编造的作文，大多都缺乏细节，因为故事能编，细节却很难编造，细节必须从生活中来。

儿童作文，大多数用的是第一人称，写自己亲历的事件。但这一篇用了第三人称"儿子"，似乎在讲述别人的故事。常青说，当他在作文中不得不编造事件的时候，就有些心虚，写得不踏实。不知道是不是因为这也是一篇命题作文，为了紧扣主题而编造事件，因心里不踏实，他选用了第三人称，反正是别人身上发生的故事，能减轻点心理负担吧。题目是《一本引人入胜的书》，一般我们会从正面去写这本书叫什么、有什么内容等等，但常青忽略了书名及内容有多吸引人，只从儿子、爸爸、妈妈三个人陆续被书吸引过去忘记吃饭的角度写这本书的魅力。我当时夸奖他故事的讲述方式设计得不错。

节奏有张有弛

我们生活在时空当中，写作，要把生活中的立体时空转换为纸上的平面时空。先写什么后写什么，哪个写哪个不写，哪个浓墨重彩哪个轻描淡写，处理过程很复杂。流水账，正是因为孩子这个转换过程没有处理好。

作家有很多写作的锦囊妙计，让时空发生变形。有的作家，把时间放慢了。茨威格《一个女人一生中的二十四小时》，二百多页，只写了一个女人一天的故事。而张爱玲在《金锁记》里，让时间加速度，十年时间，只用一面镜子就巧妙地晃过去了。

风从窗子里进来，对面挂着的回文雕漆长镜被吹得摇摇晃晃，磕托磕托敲着墙。七巧双手按住了镜子。镜子里反映着的翠竹帘子和一副金绿山水屏条依旧在风中来回荡漾着，……再定睛看时，翠竹帘子已经褪了色，金绿山水换为一张她丈夫的遗像，镜子里的人也老了十年。

十年的时间，没有直接交代"十年过去了"，而是借用了电影中蒙太奇的艺术手法：语言镜头对准一面回文雕漆长镜，镜中是十年前，有翠竹帘子、金绿山水屏条，一阵风吹过，镜子开始摇晃，定睛一看，画面定格到了十年后，翠竹帘子褪了色，出现了一张她丈夫的遗像。镜子的巧妙设计，把小说时间一下子推到了十年后，中间十年就这样巧妙地交代过去了。作家有时也会老老实实写时间。

一天过去了两天过去了三天过去了四天也过去了，虽然那时已是凉爽的秋季了，但幽灵的尸体还是腐烂了，散发出阵阵臭味，招来一群又一群的乌鸦。

不厌其烦地机械数日子，并不是语言贫乏、手法单调，而是有意强调时间。

写作中如何处理现实时间和纸上叙述时间，对于儿童来说，相当棘手。现实时间像流水一样不停向前奔腾。但写作中的时间不可能与现实时间一一对应，要对时间进行切割、组合、穿越、扭曲，重新安排时间和事件发生的顺序。

常青初稿急于一口气把所有的事情都告诉读者。因为太性急，几乎三言两语、粗枝大叶地就把主要信息和盘托出了。写到三千字左右的时候，他突然发现，距离自己规定的目标愈行愈远了。原计划模仿杨红樱，写上个七万字，没想到写了三千多字，好像故事就讲完了。他有强烈的挫败感，于是停下来，又回头去读杨红樱小说系列和《哈利·波特》。某天他似乎有了重大发现，兴奋地告诉我："我知道他们是怎样给小说注水的了"。他所说的"注水"，其实就是让写作的节奏慢下来。但是，节奏怎样才能慢下来呢？除了开头，小作者认识到要时快时慢，故事讲得才有张有弛。"我修改了开头，我觉得开头写得太突然了，就像我弹钢琴，要渐渐进入，再渐渐结束。"

1. 铺垫

常青反复阅读《哈利·波特》后，发现了写作的诀窍之——铺垫。他说，有一些看似简单的、一闪而过的插曲，其实是重大的铺垫。比如前文提到哈利·波特在神奇生物课上学过夜骐。初读这一情节时，常青并没留意，再读后，发现夜骐是个重要角色。因为哈利·波特从学校去魔法部，就是夜骐带他们飞去的；还有第一册中的一些问题，只埋下伏笔，却不告诉你真相，只到第七册才揭晓；比如哈利·波特为什么拥有伏地魔的部分能力，直到第七册才告诉读者，原来伏地魔的一部分灵魂寄居在他的体内，他是伏地魔的一个魂器；还有为什么伏地魔一直想杀死哈利·波特，直到第五册才说明，有预言说伏地魔和哈利·波特二人只有一人能活下来，所以伏地魔一直视他为仇人。

阅读《哈利·波特》，让他体会到草蛇灰线、伏脉千里的好处后，常青在自己的小说里，也设计了一个情节作为铺垫。小说前半部写到火山时，他设计了"一个闪过的斗篷"，为后面出现的水鬼做好了铺垫。原本设计的终极坏蛋是僵尸鲨鱼，后来觉得这个设计太简单了，就把终极大老板换成一个溺水而死的水鬼，水鬼的手下还有一群会动的空斗篷。

2. 紧张与舒缓相间

故事跑得太快了，用什么办法让它慢下来？常青说，可以加入一些小插曲，如《哈利·波特》第四册在主题"三强争霸赛"中间穿插了"圣诞舞会"上罗恩和赫敏朋友吵架的情节，这样故事的脚步就放慢了。当常青写到第六章转至第七章时，节奏掌握得越来越好，激烈战斗的场景之间，插入海平面的美景，一急一缓，张弛有度。

游得几乎快废掉了，才把脑袋露出水面。他们以前太忙，没顾得上看一看水面上是什么，现在，他们才看见。虽然脚下的水是绿的，但向远处望去，海水碧蓝碧蓝的，波光粼粼的，亮晶晶的光芒刺得他们睁不开眼；正午的阳光十分灿烂，在头顶发射出金光。身上顿时暖洋洋的，从海的边缘望去，那水似乎都流到天上了，天上偶尔飘过几朵白云点缀蓝天，真是美不胜收。

可惜时间有限。他们望了望天，望了望海平线，就匆匆地打开喷射背包的按钮，"哗哗"地飞了起来。

风在巨齿鲨旁边轻轻呼啸，海底的鬼堡发出隐隐约约的光芒。几座小岛露出水面，在他的眼前一闪而过。

3. 侧面烘托，渲染气氛

火山爆发后，一觉醒来，没有直接写众鲨鱼的恐怖情绪，转而写火山爆发后的岩石是怎样的：

巨齿鲨使劲睁开眼。那股腐臭一下子消失了。他打了一个大大的哈欠，又往身后一看，差点惊出声来：岩石不再往下掉；岩浆不再到处滚。这画面让人惊讶。岩石看上去没什么，但摸上去像从冰天雪地里带来的一块块巨石，冰冷冰冷的。那种冰冷不是像雪那样温柔的冷，而是一种能让人感到毛骨悚然的冷。岩浆呢，已经由液体变成了固体。那固体摸上去也冷冰冰的，仿佛已经凝固了一百年，丝毫不像昨天那猖狂的恶魔，摧毁一切。

以上这些小技巧，没有谁手把手教他，也不是分析语文课本得来的知识，均为常青自己在阅读与写作之间来回穿梭而摸索出的写作心得。阅读刺激他有写作的愿望，写得不满意再返回阅读，在阅读中寻找作家如何解决他的写作疑惑与困难，之后再返回写作。我认为，这是练习写作的正确打开方式，只有自己摸索得来的，才能内化为孩子自己的写作能力。如果我们认识到各个年龄段孩子的认知局限和特点，适当加以引导，很快就能让孩子摆脱"流水账"式作文了。

作家示范

魏曹丕《列异传》里记载了一个铸剑高手被君王杀害，其子替父报仇的故事。

干将莫邪为楚王作剑，三年而成，剑有雌雄，天下名器也，乃以雌剑献君，藏其雄剑，谓其妻曰："吾藏剑在南山之阴，北山之阳；松生石上，剑在其中矣。君若觉，杀我；尔生男，以告之"，及至君觉，杀干将，妻后生男，名赤鼻，告之，赤鼻斫南山之松，不得剑，忽于屋柱中得之。

这则故事，只有梗概，既看不出人物的性格，也缺乏气氛的调动，更无生动具体的细节。它就像我们所说的"流水账"，平铺直叙故事脉络，还不能算是文学作品。一千多年后，鲁迅在此基础上，重新编写了一个近万字的故事《铸剑》。我们看看作家施了什么魔法，让故事丰富起来。一开篇是这样的：

眉间尺刚和他的母亲睡下，<u>老鼠便出来咬锅盖，使他听得发烦。</u>他轻轻地叱了几声，最初还有些效验，后来是简直不理他了，咯吱咯吱地径自咬。他又不敢大声赶，怕惊醒了白天做得劳乏，晚上一躺就睡着了的母亲。

许多时光之后，平静了；他也想睡去。忽然，扑通一声，惊得他又睁开眼。同时听到沙沙地响，是爪子抓着瓦器的声音。

<u>"好！该死！"</u>他想着，心里非常高兴，一面就轻轻地坐起来。

他跨下床，借着月光走向门背后，摸到钻火家伙，点上松明，向水瓮里一照。果然，一匹很大的老鼠落在那里面了；但是，存水已经不多，爬不出来，只沿着水瓮内壁，抓着，团团地转圈子。

"活该！"他一想到夜夜咬家具，闹得他不能安稳睡觉的便是它们，很觉得畅快。他将松明插在土墙的小孔里，赏玩着；然而那圆睁的小眼睛，又使他发生了憎恨，伸手抽出一根芦柴，将它直按到水底去。过了一会，才放手，那老鼠也随着浮了上来，还是抓着瓮壁转圈子。只是抓劲已经没有先前似的有力，眼睛也淹在水里面，单露出一点尖尖的通红的小鼻子，咻咻地急促地喘气。

他近来很有点不大喜欢红鼻子的人。但这回见了这尖尖的小红鼻子，却忽然觉得它可怜了，就又用那芦柴，伸到它的肚下去，老鼠抓着，歇了一回力，便沿着芦干爬了上来。待到他看见全身，——湿淋淋的黑毛，大的肚子，蚯蚓似的尾巴，——便又觉得可恨可憎得很，慌忙将芦柴一抖，扑通一声，老鼠又落在水瓮里，他接着就用芦柴在它头上捣了几下，叫它赶快沉下去。

换了六回松明之后，那老鼠已经不能动弹，不过沉浮在水中间，有时还向水面微微一跳。眉间尺又觉得很可怜，随即折断芦柴，好容易将它夹了出来，放在地面上。老鼠先是丝毫不动，后来才有一点呼吸；又许多时，四只脚运动了，一翻身，似乎要站起来逃走。这使眉间尺大吃一惊，不觉提起左脚，一脚踏下去。只听得吱的一声，他蹲下去仔细看时，只见口角上微有鲜血，大概是死掉了。

他又觉得很可怜，仿佛自己作了大恶似的，非常难受。他蹲着，呆看着，站不起来。

读者感到奇怪，不是写眉间尺替父报仇吗？这是拐到哪里去了？为什么要写半夜他和老鼠对阵呢？还写得如此详细。你看，刚开始听到老鼠咬家具，心上发烦，等听到老鼠掉进水瓮里，心里着实高兴畅快，看到老鼠丑陋的小眼睛，不免让他憎恨，再看到抓着瓮壁转圈子挣扎求生的老鼠时，又觉可怜，便救它，继而看到湿漉漉的它时，不免又恨又憎，重新扔入水中，如此反复了很久，又可怜它，将它再次救出来，又觉得它可憎，一脚踩死它，最后结果了老鼠的性命之后，深深的负罪感侵蚀着他。

读到这里，读者大概揣测出一二来了。我们民间常说，在游戏中最能看清一个人的品性。这段眉间尺与鼠的博弈，不是闲来之笔，是在写眉间尺的性格。

"尺儿，你在做什么？"他的母亲已经醒来了，在床上问。

"老鼠……"他慌忙站起，回转身去，却只答了两个字。

"是的，老鼠。这我知道。可是你在做什么？杀它呢，还是在救它？"

他没有回答。松明烧尽了；他默默地立在暗中，渐看见月光的皎洁。

"唉！"他的母亲叹息说，"一交子时，你就是十六岁了，性情还是那样，不冷不热地，一点也不变。看来，你的父亲的仇是没有人报的了。"

母子对话，点明了作者的用意：眉间尺的性格忽冷忽热、优柔寡断，怎能担当替父报仇的大任呢？这为后面的眉间尺、君王与黑衣人三头相搏的震撼场面做铺垫，否则故事发展就不符合逻辑，不能让读者信服。同时，也加强了人物的悲剧感，眉间尺既无武功，又性格软弱，根本没有能力替父报仇，可他一出生，他的命运就被预先安排好了，他在世间唯一的生命价值，就是替父报仇。

鲁迅的《铸剑》，手把手教我们怎样避免"流水账"作文。开

篇不急于全盘托出，先从人鼠大战这个小小的情节入笔，铺垫好
人物性格，再借助母子间对话交代其父为君王铸剑而被杀的故事
背景。故事够疯狂，情节有起伏，人物有特点，这就足够了。

 教你一招：

1. 改变流水账，从"头"开始

低年级小学生初学写作，面临的最大问题，是如何将口语转
换成书面语，如何由绘本故事模式向作文表达模式转变。比如"有
一天……"的开头方式，就是受童话故事开头方式影响所致，如
果想与众不同，请从改变"有一天"开始。阅读书籍的时候，稍
稍留心一下，看看作家怎样开始讲一个故事，跟着作家学习，准
没错儿。

2. 注意写作的节奏

什么时候停顿，什么时候快进，哪里省略，哪里详写。

常青曾经有个疑问："《哈利·波特》中有些地方写得特别细
致，比如寻找金杯，为什么读起来不觉得啰唆，可我写海豚越过
水雷区，总不能详写它怎样弓着背，再左摆，再右摇。"我说，判
断一个情节要不要细写，关键看这一段对整个故事来说重要不重
要。比如写你去上学，如果你在肯德基门口踩到了一个由外星人
变成的蚂蚁，那这个看起来无聊的地方就可以详细写了。

3. 观看冲突性强的电影，设计一波三折的故事情节

电影《海上钢琴师》中爵士乐手和孤儿1900之间斗琴的片段，
常青最爱看。经典巧妙的故事情节设计，教你如何设计一个充满
魅力的故事。

第一个回合，爵士乐手使出了 6 分的力气，弹奏了一首拿手曲调，天性纯良的 1900 像个小孩子一样，上去弹奏了一支简单的圣诞歌曲，观众一片哗然。

第二个回合，爵士乐手拿出 8 分的力气弹奏一曲，1900 还是孩童脾性，依葫芦画瓢，也弹奏了一首相同的乐曲。当然，这首乐曲，1900 以前根本就不知道，只是听了一遍，便会弹了。

最后一个回合，爵士乐手被激怒了，使出 12 分的力气，弹奏了一首节奏异常快的高难度的曲子，弹之前，在钢琴上放了一支烟，曲毕，烟灰却纹丝不动。1900 终于意识到这是在向他挑衅，也要了一支烟，却没有点，同样放在了钢琴上，他俯身弹奏了一首《野蜂飞舞》。这一段，电影运用了极其夸张的手法，只见琴键上无数双手在飞舞，曲毕，全场惊呆了，听众连呼吸都屏住了。静默片刻，1900 拿起烟在发烫的琴弦上一划，"哗"的一声，烟被点燃了。

这个片断，就像一个巧妙安排的小品文，紧凑凝练，有戏剧性，常青百看不厌，一看到无数双手，就笑得吱吱的。这是在有限的时空中戏剧冲突特别强烈的绝好的样板。在笑声中，孩子体会到怎样把故事设计得跌宕起伏，而不是平淡的流水账。

4. 编故事，锻炼一个活跃的大脑

常青不太情愿地准备去上钢琴课，爸爸原本让他喝一瓶水，口误说成了，喝一瓶酒，我们就哈哈狂笑起来。随之我提议，如果常青真的喝了一瓶酒，去钢琴老师家会怎么样？每个人的叙述不一样。爸爸装作醉酒的样子说："去之后就给陈老师说：'老……老……老师，我今天……今天不弹钢琴了。'"我说："你一进大门，一把推开琴房的门，一手拎着前面学琴的同学的领子，就把他扔

出门外，大吼一声'让我来'。然后你坐下来，就像郎朗附体一般，疯狂得弹奏起《野蜂飞舞》，陈老师瞬间就零乱了。"……直至钢琴老师家门口，我们还在七嘴八舌地编故事玩儿。

实在不行，也可以玩脑筋急转弯。"什么东西可以让白天变成黑夜呢？""眼睛，因为一闭眼睛，就是黑夜了。"

怎样锻炼编故事的能力呢？先从讲一个好玩儿的故事开始吧。

不知道写什么？那就写"猫"吧！
——同一题材的阶梯式写作

以前写过的作文题材，以后还能不能再写？如果再写，算不算自己抄袭自己呢？我觉得不是。抄袭，是把以前的作文原封不动抄过来，是偷懒，写作水平绝不会提高。

从二年级到五年级，常青一直对"猫"这个题材情有独钟。他每年都写一篇关于"猫"的作文，4年间一共写了4篇，但每一篇都不一样。这些相同题材的作文，给我提供了一个极好的案例，让我有机会观察小学生写作的发展轨迹。

我把围绕着同一个题材反复写作的方法叫作"专家式写作"。也就是说，我们找到孩子感兴趣的领域，让他成为这个领域的"小专家"。既然是"专家"，写起类似题材的作文，根本不愁无话可说。事实证明，常青从他的"专题式写作"中获益良多。五年级时，他参加了上海市的作文大赛，提交的预赛作文，就是5年级写的这篇《小糖果》。决赛为现场作文，他写了小区里一位老妇人喂养流浪猫的故事，最后获得了一等奖。

二年级作文《Little Candy》

二年级暑假，我家门口放了一个纸袋子，里面发出微弱的喵喵的叫声，恰巧被出门的常青碰到，他想收留这只可怜的小猫。接下来就是一阵手忙脚乱，给小猫打疫苗、洗澡、购买猫用品。之后这只小猫就成了常青的好朋友，一个孤独的小男孩，一个被遗弃的小奶猫，成了形影不离的好伙伴。常青一直被大人呵护着，这下终于有一个比他还弱小的、需要他来倾注爱的动物了。他变得异常温柔，边看书边用手轻抚着小猫，小猫蜷伏在他的脚边，发出满足的呼噜呼噜的声音。他还给小猫起了一个名字：小糖果。后来因为种种原因，不得不把小猫送走，常青自然恋恋不舍。这次经历，在他心中留下了很深的印迹。

从此，小糖果经常出现在常青的作文里。亲身经历过的、投入了感情的事，写的时候，就很用心，他那幼稚的笔端，透露出来满满的爱怜。小猫刚被送走不久，他眼泪汪汪地说很想念小猫，我趁机建议，既然想念它，就为它写一篇文章吧。常青接受了这个建议，开始在电脑上写作。因为他只学习了一年语文，还无法顺畅地书写，只能借助电脑写作。低年级孩子运用电脑写作的好处，我将在后面谈到。因为跟随我们从英国访学回来才半年，所以他用了小猫的英文名字 Little Candy 作为作文题目。

二年级小学生写猫

Little Candy

喵——喵——猜一猜它是谁？最可爱，最调皮，最讨人喜爱。它是我家的小猫咪。事情是这样的：爸爸在三楼看见一个塑料纸袋子，里面装着一只可爱的小奶猫。一开始，它对我家不熟，躲在家里的沙发底下不敢出来，一会儿，它探出头来看看情况，一会儿，又探出头来……但，一天一天过去了，小猫和俺家很熟了。我放学回到家刚一开大门，猫猫不管是在睡觉还是在玩耍，小猫第一件事情就是喵——喵——地叫。

它在家里上蹿下跳地玩儿，你干什么，它就跑过来凑热闹。

我叫它——小糖果！

小糖果每天下午呼呼大睡，晚上弄得大家都睡不着。

　　不幸，我的奶奶要来，她很不喜欢猫，不管是大猫还是小猫，是可爱的猫还是丑陋的猫，都讨厌，我们要把它送走，不能让小糖果做流浪猫。（请看下集）

小学生妈妈写猫

　　两个月前，这个小可怜被遗弃在我家门口，满怀恐惧地躲在沙发底下不肯出来。两月后，清晨打开卧室门，她就摇着尾巴喵喵地和我道早安；一进家门，她亲切娇嗔地喵喵着，过来求抱抱；无聊时，和她喵喵地说上一阵话；我对着她喵喵，她睁着清澈见底的眼睛，也轻声细语地对着我喵喵。可是，即将来沪的奶奶不喜欢猫猫，只能将她送给爱猫的人。

　　当日，我就把收养小猫的事情写进微信，与常青一起分享。分享我的微信时，我和常青还特意回顾了小猫来到家里时楚楚可怜的样子。他的写作中是不是受到妈妈微信的一点引导，就不得而知了。也许因为我的强调，他可能对这个细节重视起来了。

　　对比成人和刚学写作的常青组织文字的情况，看看有什么不同。我选取了两个场景，一个是小猫刚被收养时胆怯的样子，另一个是小猫熟悉后与家人的互动。我和常青亲历着同样的事情、同样的场景，但用文字表达出来，却不尽相同。

场景1：写被遗弃的小猫初来乍到的恐惧

妈妈的写法	儿童的写法（二年级）
这个小可怜被遗弃在我家门口，满怀恐惧地躲在沙发底下不肯出来。	一开始，它对我家不熟，躲在家里的沙发底下不敢出来，一会儿，它探出头来看看情况，一会儿，又探出头来……

同样写小猫的胆怯怕生，成人因为掌握了更多的词语，顺手拣起一个现成的四字词"满怀恐惧"，儿童在没有掌握太多词汇的前提下，凭借观察与直觉来写，所见便是所写，所写便是所见。表达同样的意思，儿童往往要用更多的字数来写，他不会概括，也不会运用抽象的词，只能铺展开叙述。

两相对比，成人已对事物见怪不怪，更偏向抽象的、固定的、概括的表达。虽然儿童没有成人掌握的词汇丰富，但写作时却能通过自己的眼睛去直观感受世界。因此，成人作文简洁，孩子作文形象有趣。

场景 2：写猫猫和主人的互动

妈妈的写法	儿童的写法（二年级）
清晨打开卧室门，她就摇着尾巴喵喵地和我道早安。进家门，她亲切娇嗔地喵喵着，过来求抱抱。无聊时，和她喵喵地说上一阵话。我对着她喵喵，她睁着清澈见底的眼睛，也轻声细语地对着我喵喵。	我放学回到家刚一开大门，猫猫不管是在睡觉还是在玩耍，小猫第一件事情就是喵——喵——地叫。它在家里上蹿下跳地玩儿，你干什么，它就跑过来凑热闹。我叫它——小糖果！小糖果每天下午呼呼大睡，晚上弄得大家都睡不着。

以上两个场景，从字数上看，同一情节，孩子比成人使用更多的文字。

一是用词用语方面。成人用语更为简短，大量使用概括性的四字词："亲切娇嗔""清澈见底""轻声细语"。儿童的文字，很少用到四字词，更多的是描述，而不是成人式的概述。作为刚上了一年语文课的孩子，能用连接词"不管……还是"，很是难得。

二是句式方面。成人的句子常常省略主语，比如"清晨打开卧室门""无聊时，和她喵喵地说上一阵话。"都分别省略了主语

"我"。儿童的每个句子均按照主谓宾的顺序构成："我放学……，猫猫不管……还是……，小猫第一件事……。它在家里……，你干什么……它就……，我叫它……，小糖果每天……"你看整段文字，每一句都是规整的"主语＋谓语"的形式，至于省略主语、插入语、宾语前置、被动句、把字句等等复杂的句式变化都没有。

三是成人的写作聚焦更准，笔法更为集中，只写与猫猫的喵喵式互动，儿童也写互动，但笔法较为分散。

三年级作文《我和小猫》

我和小猫

我很喜欢我家的小猫，它叫小糖果，我很喜欢和她玩。

她是一只小奶猫。它像小熊猫一样，毛一块儿黑一块儿白的。我和她怎么玩的呢？有一次，在一个晚上，她偷偷地上了我的床，她用一双又大又圆的会说话的眼睛望着我，过了一会儿，她才怯生生地走过来。我也过去，拉着小糖果的前爪，我就这样"百拉不厌"地拉着，她玩累了，我便轻轻地爱抚着她。不一会儿，我就听到了"呼噜噜——呼噜噜——"的声音。这是她很舒服的声音。后来，她又活跃起来了。小糖果跳到了我的肚子上，又跳到一边儿。然后，我把她的两条小前腿拉起来，一前一后不停地逗她玩儿，我一边这样逗她，还一边不停地叫"呀——看我的降'猫'十八'爪'！"我每一次这样一下，我都开心地笑了。我爱小糖果，小糖果也爱我。

我在小糖果和我一起玩的时候，也懂得了爱的可贵。

三年级作文有了长足的进步。接下来我从结构、内容、词语与句式四个方面与二年级的作文详细比对。我很想知道，从二年级到三年级一年的时间，孩子的写作发生了哪些变化？

结构：由分散到聚焦

经过一年的学校语文教育，孩子已经掌握了三段式作文结构：开头简单介绍，中间铺叙，结尾拔高，提炼出一个人生道理："我懂得了爱的可贵"。写完之后，他还自嘲道："妈妈，我知道老师想要什么样的作文，后面我故意写出一个道理来"，这让我有些哭笑不得。

与三年级较为完整的结构相比，二年级的叙述为多个小片段，显得零散。言为心声，思维通过语言来体现。低年级儿童写作，因为思维基本上是发散性的、片断式的、粗线条的，很难构建起一个有着因果链条的事件，写的事件很多，但像一个杂样的拼盘。

二年级作文写了很多片段：小猫如何来到我家，如何玩儿、如何爱睡觉，小猫最后的归宿……几乎面面俱到，但看不到焦点是什么。各个片段之间没有因果、演绎、归纳等严密的逻辑关系，没有对事物的细致描写，没有主要和次要之分。你看幼儿园中小班孩子，大多只能讲述一个片段。"某某打我了"，但什么时候、为什么打他、怎么打都讲不出来。这些细节，需要在家长的慢慢引导下，才能像挤牙膏一样一点一点挤出来。写作的结构意识，要等到小学高年级才可能具备。

三年级可就不同了。除了有明晰的结构意识，还知道聚焦，认识到写作并不是把所有事情都一一罗列出来，要对材料剪裁。主体部分只集中写了一件事情：和小猫一起玩儿。

内容：由粗勾到细描

二年级写作也写到了一点情节，但还不够细，三年级开始大量写细节了。

场景1：开头介绍猫

二年级作文	三年级作文
喵——喵—猜一猜它是谁？最可爱，最调皮，最讨人喜爱。它是我家的小猫咪。	她是一只小奶猫。它像小熊猫一样，毛一块儿黑一块儿白的。

二年级写猫，用了几个抽象的大词"可爱""调皮"，读者还是不知道猫的相貌。三年级写猫的外形了，种类、颜色、猫的样貌：什么猫？——"小奶猫"；什么颜色？——"一块儿黑一块儿白"；像什么？——"像小熊猫一样"。

场景2：猫与我的初次互动

二年级作文	三年级作文
一开始，它对我家不熟，躲在家里的沙发底下不敢出来，一会儿，它探出头来看看情况，一会儿，又探出头来……	有一个晚上，她偷偷上了我的床，她用一双又大又圆的会说话的眼睛望着我，过了一会儿，她才怯生生地走过来。

副词"偷偷地""怯生生地"，形容词"又大又圆的会说话的"的添加，让小猫的形象更加清晰饱满了。描写小猫初来乍到的情

形，三年级时用了 3 个字的副词"怯生生"代替二年级的 39 个字。小作者的语句更为简练了，传递的讯息却越来越丰富了。

我们发现，低年级儿童作文用词有两个特点：一是因为缺乏抽象词的积累，不得不绕很大的弯儿对事物直接描述；二是掌握的几个简单的抽象词，几乎变成了万能词。比如在认识"开心""好""美丽"这几个词之前，他可能会用大量的词汇、大费周折去描述开心的样子，但当他掌握了"开心"这个词语之后，就开始在写作中大量使用。

它同时能解释一个让人费解的现象：为什么低年级孩子作文读起来比较啰唆，但不时有灵动的地方，而高年级孩子作文读起来规范简洁，但又比较枯燥，缺乏生气。低年级儿童因为掌握词汇少，只能用文字铺展开直接描述，所以作文更接近事物本来的样子，而高年级儿童掌握抽象词汇多，作文相对远离事物本相，简洁有余而生动不足。

场景 3：猫与我熟悉后的互动

二年级作文	三年级作文
我放学回到家刚一开大门，猫猫不管是在睡觉还是在玩耍，小猫第一件事情就是喵——喵——地叫。	她玩累了，我便轻轻地爱抚着她。不一会儿，我就听到了"呼噜噜——呼噜噜——"的声音。

二年级和三年级，都用了象声词。象声词模拟事物的声响，是孩子感受自然的本能方式，此处象声词，并非刻意运用修辞。

词语运用能力提升

二年级与三年级作文词语运用能力分析表

二年级作文	三年级作文
1. 猫猫<u>不管</u>是在睡觉<u>还是</u>在玩耍，小猫第一件事情就是喵——喵——地叫。 2. 不幸，我的奶奶要来，她很不喜欢猫，<u>不管</u>是大猫<u>还是</u>小猫，是可爱猫的还是丑陋的猫，都讨厌。	1. 我也过去，拉着小糖果的前爪，我就这样"<u>百拉不厌</u>"地拉着。 2. 我一边这样逗他，还一边不停地叫"呀——看我的降'猫'十八'爪'！"

如果家长足够细心，就会发现某个时期，孩子对某种写作方法表现出特别的兴趣。二年级，常青两次使用了关联词"不管……还是……"：

1. 猫猫<u>不管</u>是在睡觉<u>还是</u>在玩耍。

2. 她很不喜欢猫，<u>不管</u>是大猫<u>还是</u>小猫，是可爱的猫还是丑陋的猫，都讨厌。

这说明他对这个关联词非常敏感，正在尝试使用。大作家也不例外，他们也会反复使用一些偏爱的词语。写出妇孺皆知名句"海内存知己、天涯若比邻"的诗人王勃，就喜欢在诗中反复使用同一个句式"俱是……"："俱是梦中人""俱是越乡人""俱是倦游人"。无独有偶，写出脍炙人口的"前不见古人，后不见来者。念天地之悠悠，独怆然而涕下。"的大诗人陈子昂，也不避讳重复使用他喜欢的字词。视觉的延续被打断，他就乐此不疲地使用"断"字，"岩悬青壁断""树断白云隈""野树苍烟断""野戍荒烟断"……

在以后的写作中，常青时不时在某个时段，对某一种表达方法表现出浓厚的兴趣来。有时候他喜欢在作文中营造气氛，尤其是神秘恐怖的气氛；有时候他非常迷恋非黑非白、相反相承的写法；有时候觉得小说中的比喻特别好，他会在合适的时候，戏玩词语。

以上两段对比发现，二年级的用词用语还相当简单朴实，三年级不仅对词语能够准确把握，还能灵活运用。一段小文里出现了两处这样的化用。"百看不厌"被他化用为"百拉不厌"，"降龙十八掌"被他化用为"降猫十八掌"，既符合猫的特性，又不乏幽默。

素朴齐整的句子

她才怯生生地走过来。我也过去，拉着小糖果的前爪，我就这样"百拉不厌"地拉着，她玩累了，我便轻轻地爱抚着她。

小糖果跳到了我的肚子上，又跳到一边儿。然后，我把她的两条小前腿拉起来，一前一后地不停地逗她玩儿，我一边这样逗他，还一边不停地叫"呀——看我的降'猫'十八'爪'！"我每一次这样一下，我都开心地笑了。

这一段和小糖果的互动，生动俏皮。内容暂且不说，文字读起来倒是有种朴实的流畅感。是什么给了我们这样的感觉呢？"过来"、"过去"，对偶关系；一连两个"拉着"："拉着小糖果的前爪，我就这样'百拉不厌'地拉着"，同样的词，不同的位置；"小糖果跳到了我的肚子上，又跳到一边儿"，同一词，出现了两遍；再加上一个连接词"一边……一边"。整段显得整齐中又略有变化。

读到这段质朴的语句，不禁想起余华小说《我没有自己的名字》。故事的讲述人是个弱智儿。弱智儿只能用简单的文字、简单的句式、简单的对话，因为他只有最简单的思维。所以下面这段弱智儿讲述的段落，特别稚拙，稚拙得有点让人发笑。然而它像一首儿歌，闪现着朴拙的美。

"狗见我汪汪，我给他喂馒头，喂了馒头，狗又对我汪汪，我又给他馒头。""狗见我汪汪，我就笑，还笑出了声音，狗听到我的笑声，就又汪汪，我就又笑，还是笑出了声，他就又汪汪。"

"我听到狗喀喀地咬着糖，我也喀喀地咬糖，我们一起喀喀地咬糖，我笑出声来，狗就汪汪了"。

这情景像什么呢？像孩子玩游戏，做出一个简单的行为，能引起其他事物的反应，孩子就会一而再、再而三把这个动作重复下去，直到他感到索然寡味为止。

三年级这篇小文，体现了低年级儿童的写作思维：简单而反复的互动。我经常听到有父母抱怨孩子的写作太幼稚。幼稚，正是孩子写作天然的特征，只要略微加以引导，一样可以写出好作文来，写出具有孩子的天然拙趣的作文。

四年级作文《我的自述》

我的自述

我是一只小猫咪，刚出生三个月就被人抛弃了。

我长得很可爱。我有一双宝石般明亮的大眼睛，两只尖尖的耳朵，还有个小小的黑白身子。白，就像牛奶一般白；黑，就像墨水一样黑。不知我的主人是怎么想的，我这么可爱的一只小猫，为什么要抛弃我？我带着一肚子的疑惑走出了家门。还好，有一位好心人把我收养了下来。我在我现在的主人家可以轻松地玩耍了。我可以在主人的床上打一个滚，然后躲在被子里和主人玩捉迷藏；我可以对主人卖萌：把黑眼睛睁得大大的，把两只前爪搭在被子上只露出一对圆圆的眼睛。我甚至还可以跟主人一起睡觉。早上，我把主人叫醒，然后和他一起吃早饭，然后我目送着他远去上班，再回客厅玩一会儿纸团，继续回到床上睡觉，因为猫一般晚上觅食。我过得非常快乐。

自从到了新主人家后，我又有一个问题：为什么人有心狠手辣的，也有菩萨心肠的？

作文，总得有一个讲故事的人。这个人是谁呢？这篇作文诞生半年前，我曾提议，如果你是那只猫，会说话、能思考，那它来咱们家时，它在想什么，它想和主人说什么呢？我给他读了一小段夏目漱石的小说《我是猫》。

我是猫，还没有名字。

我不知道自己出生在哪里，只恍惚记得自己在一个昏暗、潮湿的地方，"喵喵"地叫唤个不停。我在那儿第一次见到了人这种怪物。后来听说，我第一次看到的那个人是人类中最恶毒的，叫作"书生"，传闻这些书生时常把我们抓来煮了吃。不过，当时我还小，根本不知道害怕，只是当书生把我放在手心上，噢地举起来的时候，我感觉有点晕晕乎乎的。我在书生的手掌上，稍定了定神，才看清这个面孔，这就是我头一次见到的叫作人类的东西。"人真是个怪物！"这种感觉直到现在还深深地留在我的记忆中。首先，那张本应长着毛的脸竟然光溜溜的，就像个烧水壶。后来我也遇到过不少咱猫族，可是从不曾见过有哪一只残废到如此地步。而且，他的脸中央过分凸出，更奇妙的是，从那个凸起的黑窟窿里还不时喷出烟雾来，我都快被烟雾呛晕了。直到最近，我才知道原来这玩意就是人类抽的烟。

阅读后，他反应平淡。但时隔半年之后，他突然想起来角色互换，用第一人称来写一个动物，这在他的作文史上还是第一次。

让动物来讲故事，因为视角变了，我们习以为常的世界跟着变了，给人带来了扑面而来的新鲜感。猫看人类，觉得人真是个大怪物，脸上竟然不长毛，像个烧水壶，上面还有凸起的黑窟窿，黑窟窿里还时不时冒烟。

显然，换作猫讲自己的故事之后，这篇作文和前几篇有了很大的不同。第一人称，可以灵活而深入地写自己，拉近了读者和猫的距离。同时，第一人称也带来了丰富的表达手段。四年级作文，既有自我的白描，也有心理活动。从开篇"我这么可爱的一只小猫，为什么要抛弃我？"到结尾"自从到了新主人家后，我又有一个问题：为什么人有心狠手辣的，也有菩萨心肠的？"，小猫的心理活动写得挺好，真实不做作。

其他方面的写作能力也在提高。作文更有逻辑性，整体更紧密了；细节的增多是孩子思维渐趋复杂、观察能力增强和文字表达能力提高的一个显著的标志。这三年间，对猫的介绍和描述，随着年龄增长，越来越具体精细。从小猫的出场，来看看不同年龄阶段的孩子写作，如何由粗线条向精细描写发展的。

二年级、三年级、四年级作文关于"猫形象"的写作比较

年级	"猫形象"写作
二年级	喵——喵——猜一猜它是谁？最可爱，最调皮，最讨人喜爱。它是我家的小猫咪。事情是这样的：爸爸在三楼看见一个塑料纸袋子，里面装着一只可爱的小奶猫。
三年级	我很喜欢我家的小猫，她叫小糖果，我很喜欢和她玩。她是一只小奶猫。她像小熊猫一样，毛一块儿黑一块儿白的。
四年级	我有一双宝石般明亮的大眼睛，两只尖尖的耳朵，还有个小小的黑白身子。白，就像牛奶一般白；黑，就像墨水一样黑。

二年级作文，猫没头没脑就出场了，它长什么样儿，什么脾性，读者一概不知，只知道它是一只小奶猫，可爱而调皮。万能词"可爱""调皮"，哪里都可以用，却没有个性。当词汇积累不足，表达欠精细的时候，这种万能词就泛滥成灾，随处可见。

三年级写的小猫开始有了具体的形象，小作者终于向我们展示了小猫的颜色，黑白相间，像一只小熊猫。这就形象具体多了。

四年级时的小猫更加具体了，常青对它的眼睛、耳朵、毛色等部位，都精描细绘。看来常青对色彩比较敏感，几次介绍小猫，都着意写它的颜色。四年级在写小猫的颜色时强化了它的色彩"白，就像牛奶一样白；黑，就像墨水一样黑。"修辞手法更加老练纯熟，甚至能用复杂的多重修饰："一双宝石般明亮的大眼睛"，"宝石般""明亮""大"，一口气用了三个形容词来修饰"眼睛"。"尖尖的""小小的"，词汇之间也更注意对应和节奏了。

五年级作文《小糖果》

小糖果

我以前养过一只可爱的小奶猫，名字叫"小糖果"。

　　她有一双圆溜溜的大眼睛，身上一块儿白一块儿黑，三个月大。她很活泼，爱玩，但她最爱玩的是纸团。

　　每天晚上，她总是要我给她弄一个纸团玩。我随手拿了一张纸，揉成一团，就扔到了地板上面。小糖果像扑老鼠似的扑向那还没掉到地板上的纸团，以迅雷不及掩耳之势就一猫爪打向那个纸团，结果纸团连地面也没沾到就被小糖果给打飞了，打出了一米多远呢！小糖果见了便又像箭一般地冲了过去，在纸团落地之前捡到了它。这一次小糖果没有把纸团打出去，而是像一个篮球队员一样把"球"从左爪传到右爪，再从右爪传到左爪……她边传还边往前冲，有时还转着圈圈"传球"。最后，她累了，就死死地盯着纸团看。盯上一会儿，便突然冲上去，对着纸团又扑又咬。等扑完咬完后，就去睡觉了。因为玩过纸团后，她的这一天就打上了一个圆满的句号。

　　小糖果给我带来了无尽的快乐。可惜她被其他人领养了。如果我还能见到她，我一定要天天和她一起玩。

句子由简到繁

　　很明显，五年级能够非常熟练地运用长句子了。儿童语言的发展一般遵照着先单句、复句再到句群的规律。当然，因为口语比书面写作成熟得早，孩子口语中已经出现了大量的复句，那么写作单句的时候，偶尔冒出一两个复句也很正常。但大体上，写作仍旧遵循以上由简到繁的规律。

二年级：

　　一开始，它对我家不熟，躲在家里的沙发底下不敢出来，一会儿，它<u>探出头来</u>看看情况，<u>一会儿</u>，又<u>探出头来</u>……

三年级：

然后，我把她的两条小前腿<u>拉起来</u>，一前一后不停地<u>逗她</u>玩儿，我<u>一边</u>这样逗他，还<u>一边</u>不停地<u>叫</u>"呀——看我的降'猫'十八'爪'！"

四年级：

早上，我把主人<u>叫醒</u>，<u>然后</u>和他一起<u>吃早饭</u>，<u>然后</u>我目送着他远去上班，<u>再</u>回客厅玩一会儿纸团，<u>继续</u>回到床上睡觉，<u>因为</u>猫一般晚上觅食。

五年级：

小糖果像扑老鼠似的<u>扑向</u>那还没掉到地板上的纸团，以迅雷不及掩耳之势就一猫爪<u>打向</u>那个纸团，结果纸团连地面也没沾到就被小糖果给<u>打飞了</u>，<u>打出了</u>一米多远呢！

句子有什么变化吗？对，都是长句子。长句子一般由多个分句组成，怎样把分句变成一段意思顺畅的长句子呢？连接词，能告诉我们答案。

连接词能连缀起多个分句，使句子内部逻辑关系更清晰。我们回顾一下二年级，他用了表示并列关系的连接词"一会儿……一会儿"；三年级用了表示承接关系的连接词"然后"、表示并列关系的"一边……一边"两个连接词；四年级比以往使用了更多、也更为复杂的连接词：表示承接关系的连词"然后"，表示先后关系的连词"再"，表示因果关系的"因为"；五年级，情形变得很有意思，虽然句子变得更长、更复杂了，但读起来却更顺畅、干净利落了。以前常用的明显的连接词隐去了，只用了一个不是很典型和常见的连词"结果"，但奇怪的是，丝毫不影响句内明晰的逻辑关系。

如果我们以四年级的写法，加上承接连词来改写五年级的这一段，效果高下立见。

原文（连接词用得少）：

小糖果像扑老鼠似的<u>扑向</u>那还没掉到地板上的纸团，以迅雷不及掩耳之势就一猫爪<u>打向</u>那个纸团，结果纸团连地面也没沾到就被小糖果给<u>打飞</u>了，<u>打出了</u>一米多远呢！

改写稿（连接词用得多）

（一开始，）小糖果像扑老鼠似的<u>扑向</u>那还没掉到地板上的纸团，（然后，）以迅雷不及掩耳之势就一猫爪<u>打向</u>那个纸团，（然后）纸团连地面也没沾到，就被小糖果给<u>打飞</u>了，（因为）<u>打出了</u>一米多远呢！

改写稿中，是不是句子变拖沓了？前面说过，汉语句子是意合句，不依靠太多形式上的连接词来衔接分句，主要靠句子内部的事理顺序，以神来统形。英语迥然不同，是形合句，句子之间特别依赖连接词等。比如这个句子：

英文原句（形合句）：Martin limped across the yard <u>and</u> into the sheltering darkness.

汉语译句（意合句）：马丁一瘸一拐地穿过庭院，躲到了阴影里。

原句一定要用"and（和）"连接两个短语"穿过庭院"和"躲到阴影里"，汉语不用"and"，丝毫不影响句意。

五年级不再依赖于连接词，更多地显示出常青对中文意合句的深层理解。一连用了四个趋向动词"扑向""打向""打飞""打出"，动词之间的承接连词没有了，仅靠句子内部的衔接，小猫就完成了一连串动作，给人以迅疾敏捷的感觉。

纵观常青四年的写作，为什么儿童对连接词的运用，由少到多再到少呢？首先，一开始写作，儿童凭借口语能力就知道作文中要运用连接词，能让句子之间产生联系；其次，随着儿童写作能力提高，关联词使用越来越熟悉；再次，到高年级，儿童对于汉语意合句理解加深，他自动剔除一些不必要的连接词，就能连缀起分句。而连接词的大幅度减少，也增加了阅读的流畅感。

我们汉语意合句，长处是简洁明快、朦胧诗意，给读者留下大量的空白，非常适宜艺术创作。短处是，句内各个部分不太受约束，非常自由灵活，容易产生歧义，比如"中国队大败美国队"这一句，是说中国队赢了，还是输了？

另外，常青还运用"顶真"写法。

最后，她累了，就死死地<u>盯着纸团</u>看。<u>盯上一会儿</u>，便突然冲上去，对着纸团<u>又扑又咬</u>。<u>等扑完咬完</u>后，就去睡觉了。因为玩过纸团后，她的这一天就打上了一个圆满的句号。

"盯着纸团"和"盯上一会儿"，"又扑又咬"和"等扑完咬完"，将小句子紧密联系起来，还能形成音调与节奏上的和谐之感。

五年级的习作更为完整，句与句之间的逻辑关系更为清晰而紧密。由此可见，一篇较好的作文，并非一蹴而就，而是经过了 4 年的摸索、训练才写出来的。

场景由全景到特写

五年级的写作，像照相机镜头对准目标，由初始模糊到最终放大聚焦。如果说低年级写作还是全景扫描的话，那么高年级的孩子已经能够特写了。由全景扫描到特写，体现出孩子思维更有条理，写作目标更明确，对细节把控更得当。

回顾四年来写小猫，都离不开"**小猫和我玩儿**"这个主题，但写法不同。

二年级作文，看起来是个长句子，但略加分析，发现只是三个一模一样句式的分句连缀起来：如"它……躲在""它……探出头""它……又探出头"，三句的句内关系非常松散。内容上，三句也有重复，只传递了"小猫怕生"这一个信息。

三年级写我拉着猫爪玩耍的种种情形，句内关系趋于靠拢。比如"我把她的两条小前腿拉起来"和"一前一后地不停地逗她玩儿"，后句是对前句的延伸、补充。这两句可以并为一句"我把她的两条小前腿拉起来一前一后不停地逗她玩儿"，既然可以并为一句，说明这两句之间的内在联系比较紧密。

四年级玩儿的内容很多：捉迷藏、卖萌、和主人一起睡觉、叫主人起床、玩纸团等。那么你要说，二年级时候他不是也写了小猫的很多故事片断吗？怎么到家里来，怎么害怕，怎么熟悉，怎么玩耍，怎么迎接我，怎么睡觉，又怎么被送走，信息量不是也很大吗？但请别忘记，二年级所写事件像一串散落的彩色珠子，散落四处，没有一个中心。四年级已经能够依靠核心句"我在我现在的主人家可以轻松地玩耍了"这根线把珠子串起来，成为一条惹人喜爱的项链了。

五年级，依然喜欢写小猫，在情节安排上，哪个轻哪个重，他已经了然于胸。对小猫的外貌描写一笔带过，冗余的介绍几乎没有，所有的笔墨都留给了一个场景：小猫玩儿纸团。

"小猫"玩儿纸团，看起来没什么好写的，常青却写得兴味盎然。他写了很多细节，各种各样的动作，语句紧凑连贯，一气呵成。最让人欣喜的是，画面感，难得的画面感，好的语言，好的描述性的语言，一定要唤起人们的想象力，让人们犹如当事人一样，看到精彩的场景。

原来我们想的一样！
——中美小学生写作结构比较

写完这部分，刚好读到美国学者 John R. Hayes 的论文《知识讲述的种类：早期写作发展模式》。他分析了美国从 1 年级到 9 年级学生的 270 份作文，作者对句与句间的逻辑关系进行了分析，想弄明白孩子写完上一句，怎样想出下一句？为什么要这样写？通过分析样本，他总结出美国小学生普遍的 3 种写作结构模式：焦点转换式、焦点固定式、话题阐释式。

出于好奇，我把常青从二年级到五年级写"猫"的作文拿来，用美国专家的方法逐句分析，结果令我大吃一惊。常青作文结构的发展模式与美国中小学生作文结构发展模式几乎一模一样。我不禁感叹，无论你操着哪国语言，儿童写作思维与结构的发展何其相似啊！

下面让我们看看，究竟发生了什么？

焦点转换式（链条式）

低年级小学生开始写作时，多使用"链条式结构"和"车轮式结构"来组织段落或全文。"链条式"是最初级的写作结构。也就是一个话题引出下一个话题，每个新话题都与前面的话题产生联系，像环环相扣的锁链一样。比如低年级孩子写出以下一段文字，就是典型的链条式结构：

"I like coloring because it's not boring. I like coloring cats. I have a black cat at home. His name is Inky."

（我喜欢色彩，因为它们不单调。我喜欢有色彩的猫。我家有一只黑色的猫。他的名字叫 Inky。）

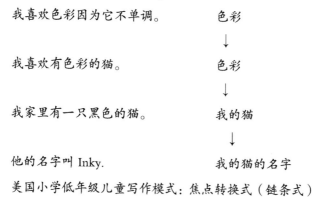

我喜欢色彩因为它不单调。	色彩
	↓
我喜欢有色彩的猫。	色彩
	↓
我家里有一只黑色的猫。	我的猫
	↓
他的名字叫 Inky.	我的猫的名字

美国小学低年级儿童写作模式：焦点转换式（链条式）

共四个句子，叙述焦点却不停在变化：从颜色写到有色彩的猫，写到自己拥有的猫的颜色，最后写到猫的名字。一般刚刚开始写作的孩子，常用这种简单的结构方式，沿着一条道路走下去，看到什么，便下写来什么。

焦点固定式（车轮式）

比"链条式"略微复杂一点的是"车轮式"结构，所有的信息都围绕着总话题来写。总话题像一个轴心，每一个新句子都像是从中心轴说出来的。比如下面这篇"车轮式结构"作文。

(1) I like Ashley cuz, she is nice.

(2) I like Ashley cuz, she plays with me.

(3) Ashley is my friend.

(4) I like people and Ashley is one.

(5) She is nice.

（1）我喜欢 Ashley，因为她很好。

（2）我喜欢 Ashley 因为她和我玩儿。

（3）Ashley 是我的朋友。

（4）我喜欢人们，Ashley 就是一位。

（5）她很好。

我们把每个句子按句意放在以下的图式里进行分析，Ashley 像轴心，5 个句子都围绕着总话题"Ashley"来写，像从轴心辐射出来的辐条。比之第一种"链条式"写作，"车轮式"写作的焦点更加集中。

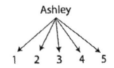

美国小学低年级儿童写作模式：焦点固定式（车轮式）

常青二年级写猫的作文，较之以上两篇美国小学生的作文，篇幅更长，但作文思路与之相仿。作文共写了五方面内容，每段相当于一个主题句。先用设问作铺垫，引出收养的小猫，第二步介绍小猫的来历，第三步描述小猫由不熟悉到熟悉的过程，第四步抛出小猫的名字，第五步写小猫爱睡觉，最后写小猫被送走。

作文围绕着"小猫"这个核心主话题，平行罗列有关猫的五个方面的事情，像往外辐射的车轮，但每个话题都很少纵深展开，整篇作文结构像一张大饼，在同一平面上不断摊开，所以看起来结构比较分散。某些部分逻辑也不严谨，比如三、五部分都在谈小猫的习性与行为，第四部分突然硬生生加入小猫的名字，显得很突兀。

话题阐释式（扇形轮式）

话题集合由一系列主话题和副话题组成。开始当前话题后，不继续阐释，而是抛出一个副话题 A，副话题 A 成为当前话题，用几句阐释副话题 A 后，再回到主话题，开始副话题 B，用几句阐释后，再次回到主话题，开始副话题 C……

Dinosaurs

(1) I like dinosaurs because they are big.

(2) And they are scary.

(3) I like Rex.

(4) He was very big.

(5) He ate meat.

(6) Triceratops is a very nice dinosaur.

(7) He ate plants.

(8) He had three horns on his fass.

(9) He had a shield on his neck.

(10) <u>Stegosaurus</u> was a plant eater too.

(11) He had (unfinished).

恐龙

（1）我喜欢恐龙，因为它们很大。

（2）并且它们很吓人。

（3）我喜欢霸王龙。

（4）它非常大。

（5）它吃肉。

（6）三角龙是一种特别好的恐龙。

（7）它吃植物。

（8）它的 fass 上有三只角。

（9）它的脖子上有一个盾。

（10）剑龙也是食草动物。

（11）它有（未完成）

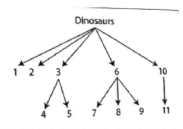

美国小学中高年级儿童写作模式：话题阐释式（扇形轮式）

以"恐龙"这个主话题为例。小学生先抛出话题"我喜欢恐龙，因为他们很大（1）"。但他没有阐释这个话题，而是在当前话题上加了几个观点："并且他们很吓人（2）"、"我喜欢霸王龙（3）"。接下来阐述副主题"霸王龙"，现在主题替换成了"霸王龙"，进一步阐释说"它非常大（4），它吃肉（5）"。接下来又重新回到前面的恐龙主话题，并在主题上加了一个副主题"三角龙（6）"，对新的副主题又评价了几句"它吃植物（7）"、"它的 fass 上有三只角（8）"、"它的脖子上有一个盾。（9）"，又加了第三个副主题"剑龙（10）"。

话题阐释式还是围绕着某个轴心话题展开，只不过话题不限于一个层级，而是在两个以上层级上讲述，话题更为深入、具体。第一个层级是总话题："恐龙"，第二个层级分别为几个副话题"恐龙很大""恐龙很吓人""喜欢霸王龙""三角龙是一种特别好的恐龙""它……（未完）"。每个副话题，分别在第三个层级用两三句话来阐释讨论。比起"焦点转换式"和"焦点变换式"只对其中一个话题延展，"话题阐释式"就更为复杂一些了。

小糖果（五年级作文）

我以前养过一只可爱的小奶猫，名字叫"小糖果"。（1）

她有一双圆溜溜的大眼睛，身上一块儿白一块儿黑，三个月大。（2）她很活泼，爱玩，但她最爱玩的是纸团。（3）

每天晚上，她总是要我给她弄一个纸团玩（4）。我随手拿了一张纸，揉成一团，就扔到了地板上面（5）。小糖果像扑老鼠似的扑向那还没掉到地板上的纸团，以迅雷不及掩耳之势就一猫爪打向那个纸团，结果纸团连地面也没沾到就被小糖果给打飞了，打出了一米多远呢！（6）小糖果见了便又像箭一般地冲了过去，在纸团落地之前捡到了它。(7) 这一次小糖果没有把纸团打出去，而是像一个篮球队员一样把"球"从左爪传到右爪，再从右爪传到左爪……她边传还边往前冲，有时还转着圈圈"传球"。(8) 最后，她累了，就死死地盯着纸团看。(9) 盯上一会儿，便突然冲上去，对着纸团又扑又咬 (10)。等扑完咬完后，就去睡觉了。(11) 因为玩过纸团后，她的这一天就打上了一个圆满的句号 (12)。

小糖果给我带来了无尽的快乐。(13) 可惜她被其他人领养了。(14) 如果我还能见到她，我一定要天天和她一起玩。(15)

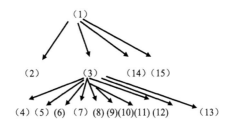

中国五年级小学生作文结构模式：话题阐释式（扇形轮式）

常青二年级作文虽然讲述了五个方面，篇幅也较长，但话题只有一层，如倒在地上的水，向四周漫过去。三年级以后作文能在两个甚至三个话题层面上发展。年级越高，话题层级较多、较集中。五年级这一篇，一共只有 15 句，围绕着小猫"小糖果"来写。

第一个层次分为 4 个话题，分别是"小猫的外貌特点（2）"、"小猫爱玩纸团的活泼特性（3）"、"小猫被人领养（14）""表达惋惜和希望（15）"。剩余的 10 句全部围绕着第二层次的"小猫爱玩纸团（3）"一节延伸至第三层，精雕细琢小猫"如何玩儿纸团"这个情节。由图式可见，全文几乎把所有笔墨都分配给了副话题"小猫爱玩纸团的活泼特性"。层级越分越多，说明孩子在集中话题、把控作文主题方面的能力越强。不仅话题集中，而且在阐述一个话题时，也越来越深入具体，其作文的表现力与逻辑性就越强。

当然，简单的图示，还无法显示出更多的信息。常青在二年级到五年级的写作中，无论怎样写，"与猫玩儿"这个情节，自始至终保留着，可见这是孩子写猫时一个强烈的触发点。但三年级的阐述较为分散，他用多个与猫玩耍的场景来写这部分，如眼睛看着我卖萌、我拉着小猫的爪子、我爱抚他、他发出舒服的声音、我再次拉着他的两腿儿玩耍等一系列情节。但五年级时候还是写与猫玩耍，所有笔墨几乎只集中在"猫玩纸团儿"这一个情节上。

二年级时候，看到他那篇显得有些散乱的作文，我也不知从哪里下手好。但到了五年级，再回顾四年写作历程，就明白儿童写作的每个阶段，都有其特点和困难。只有明晓这一点，在指导孩子写作时，要顾及儿童各个阶段的认知水平，因势利导，才有效果。

归根结底，从低年级的链条式、车轮式到中高年级的扇形轮写作结构，贯穿其中的是孩子对**事物之间关系**理解的加深。事物是琐碎的、时间是流动的、空间是立体的，儿童如何在流动的时间、立体的空间和琐碎的事物之间，按照自己的理解与想象建立起某种联系，最后落实到文字上，成为他所描述的"世界"，即作文。

李甦编著的《学前儿童心理学》对学前3岁至6岁的儿童进

行了一个《看图说话》口头练习的调查研究，想摸清学前儿童的
思维与表达方式。

3-6岁儿童看图说话

小班（3-4岁）：

　　较差的讲述"小鸡、雨伞，还有雨，还有蛋。"

　　较好的讲述"下雨了，它打雨伞"。

中班（4-5岁）：

　　"下雨了。他出来后打了雨伞，小鸡蛋壳雨伞。"

大班（5-6岁）

　　较差的讲述："有一天，有个母鸡生下了一个小鸡蛋，从鸡蛋
里面跳出一只小鸡。然后下起了小雨，小鸡拿了一个棍子，拿鸡
蛋上面的壳当雨伞来遮住它。"

　　较好的讲述："有一天。小鸡出壳。可是外面下着大雨。他就
用壳做了一个伞。打着雨伞。雨越下越大。伞给吹烂了。就把壳
儿补好，做雨伞。走着，走着。雨不下了。小鸡就收起蛋壳。把
伞收好，一直往前走。"

3 岁 -4 岁小班儿童，会用词或短语——罗列画面上的单个事物，简单地讲述画面事物之间的表面关系。

4 岁-5 岁中班儿童，开始理解图画的内容，并能抓住图画的主要内容、主要事件以及画面形象之间的主要关系，并能用简单的语句表达出来。虽然讲述较简短，内容仍旧局限在画面上。

5 岁-6 岁大班儿童，能以图画中的主要事件为中心，对画面所反映的情节的发生、发展及其阶段进行联想和补充。表达能力较强一点的儿童，能围绕画面的主要内容和事件有层次的讲述事件的起因、发展、结果。

学前儿童看图讲话中，最主要的一个进步指标是，能否建立事物之间的关系。因为事物是具体的，但事物之间的关系是抽象的。大班孩子认知发展最大的标志是，能在这些图画之间建立关系。

这个调查极大地启发了我。无论将常青四篇作文纵向比较，还是与美国小学生作文结构横向比较，都发现一个事实：作文的好坏，除了微观的字词句等技巧之外，还有孩子建立事物关系的能力。它很大程度上决定着作文走向、条理与逻辑。

好了，常青几年间写猫的故事讲完了。我们再次回到文首的那个问题：写过的题材，还能不能再写？当你读完了常青这个写作故事后，我想，你的心里一定有了肯定的答案。

许多伟大的作家，都有自己喜好的主题，他们最有特色的作品都是围绕这一个主题来写的。我一直认为，每位有成就的作家，多多少少都是有些"创伤记忆"的，这些记忆变成了作家取之不尽的写作源泉。

鲁迅在日本留学时看到一张幻灯片，拍的是中国人观看中国俘虏被杀头时麻木而漠然的表情，极大地刺激了他，在他生命中烙下了深深的印迹。在之后的作品中，这个麻木"观看和被观看"的场景反反复复出现在他的作品里。在《示众》里群氓围观杀人犯，像伸长脖子的鸭子一样；在《阿Q正传》里村民像饥饿的狼一样围观阿Q被押赴刑场；在《长明灯》《狂人日记》里愚昧的村民围观疯子。痛苦的生命体验，融入了作者的血液当中，成为鲁迅小说中恒久的主题。

儿童作家曹文轩说，人的经历可能只有一次，但由这次经历而抽象出的经验，可能因为个人思想的丰富与想像力的强健，在不同层面存在。"任何一个人都无权对一个小说家说：你一辈子只能在你的小说中写一次丧父。你可以无数次地写这个经验，也可以上升为精神上的、整个人类的无父。"我们辨认一位作家，就是通过他反复书写"创伤记忆"而形成的写作风格。

"收养小猫"的人生经历，也是常青的"创伤记忆"，它成为常青写作中用之不竭的素材，时常出现在他的作文中。

如果你的孩子真的不知道写什么的时候，帮助他多想想，他真正感兴趣的，在生命中留下痕迹的东西是什么。不要奢望那是一件惊天动地的事件，或者一次明白人生道理的灵魂拷问。家长应该帮助孩子挖掘生活中细微的、真实的、真正打动过孩子的东西，哪怕它微小到仿佛一粒尘埃，那也是值得我们写的。

教你一招！

1. 寻找儿童感兴趣的事物，让他成为"专家"

你对一个事物越熟悉，你就越有话说。脑海中散乱的记忆网被激活，记忆网迅速联络起来，就能写出好作文。

写作来源于思维与认知，而认知很大程度上来源于经验。常青小时候喜欢养猫，喜欢阅读天文学书籍。没题材写的时候，就写这两类。真得感谢这些美好的事物，为他的写作提供了素材和灵感。当他慢慢进入状态，摸索出写作的一些方法之后，再写别的题材，就得心应手了。

例一　天文学"专家"的解读

喜欢天文学，接触得多了，天文学的知识也就吸纳得多，无形中变为写作资源。其他的书，常青阅读的不多，但像《德国少年儿童知识百科全书》这么艰涩的科学书籍，却能读。

三年级某天晚饭时分，他口述了一首小诗，还略有些模样，看得出来，与太空兴趣关系甚大，爷爷夸奖颇有些郭沫若《女神》的味道。这首诗借助了他所熟悉的宇宙名词，情绪上相当饱满，以至于我的一位同事看过之后惊呼，"你家孩子这是受了多大的委屈啊，这诗里都是砰砰砰的爆炸声！"有没有委屈暂且不论，但至少读者感受到了这不是四平八稳的诗歌，而是内心的呐喊。

我是宇宙之神（三年级作）

我是宇宙之神。
我流下的眼泪，
是行星的岩浆。
我生气的时候，
就是恒星爆炸。

我愤怒的时候，

就是超新星爆炸。

我愤怒到极点的时候，

就是超超新星爆炸。

这首诗很大程度上得益于平时阅读的天文学书籍，"行星""恒星""超新星""超超新星"，都是天文学专有名词，经常阅读，不断触发，集中到某个燃点的时候，"砰"一声，就爆发出了诗意的火花儿。

写作从生活中来，也要到生活中去找素材。孩子没有体验过的，逼迫他写，就只有抄，或者说谎。围绕同一素材，越写就越有话说。

例二 养蚕"专家"的说明文

三年级自然课，老师交给孩子们一些蚕卵，回家来养蚕并观察。常青热心得不行，天天心里惦记着，每天放学摘桑叶、喂蚕宝宝。对蚕的一生，他很了解，写了一篇写作水平远超平时的作文，文字简洁老练。这都拜观察生活所赐。在此期间，围绕着蚕，我们还进行了一些专题学习。

在他还不怎么会写作文的时候，他能用文字简单叙写蚕的一生。

我的蚕蛾（三年级作）

我有九只蚕蛾，它们是从蚕宝宝长大的。蚕宝宝爱吃桑叶，它们吃够了，就开始作茧自缚了。当茧子破开，蚕出来的时候，我们不再叫它蚕宝宝了，而叫它蚕蛾。

它在茧子里或已经变成蚕蛾时都不吃不喝。

蚕蛾生下来的卵多得数不清，雌的胖，雄的瘦。如果卵是乌黑的话，就说明快要生出蚕宝宝了！

　　严格来说，这是一篇非虚构作文，像是说明文。这在初涉写作的儿童身上，是比较少见的。少儿偏爱幻想、喜好童话，对于客观事物的记叙，往往力不能逮。看来还是参与生活、仔细观察在起作用。

　　看到蚕开始把自己包裹进丝里的时候，我告诉他一个词"作茧自缚"。后来作文时，他用了进去。当第一次看到他用"作茧自缚"的时候，我本能地感觉到这个词他用错了，但转念一琢磨，不禁哑然失笑，他只是用了这个词的本义而已。在我固化的思维中，这是个贬义词，喻人保守不知变通，几乎忘记了它的原意是什么。"作茧自缚"，用在蚕的身上，算是回归了这个词的本义，让这个词焕然一新。

　　我们还一起欣赏了歌曲《相见时难别亦难》，在音乐的带动下，他先学会了唱这首歌，接下来看歌词，原来是李商隐的诗"相见时难别亦难，东风无力百花残。春蚕到死丝方尽，蜡炬成灰泪始干。"他能准确感受到两个"难"的不同意义。不自觉的，"蚕"变成了他熟悉的一个题材，也许在某个作文题上，稍一变通，便能成为很好的一篇作文呢。

　　当然有家长说，作文题目千变万化，我准备了专题，可用不上怎么办？你可以随机应变啊。把熟悉的题材改头换面放进不同的作文题中。比如常青写"猫"，略加修改就可以应对《我最喜爱的……》《我的好朋友》《记最难忘的一件事》《这也是爱》等作文题。

　　拿到作文题的时候，家长可以帮助孩子想想，是不是可以往他熟悉的专题上去引导。毕竟他对这个题材熟悉，无论如何都有话可讲。人们对自己感兴趣的事物，有倾诉欲，写作，只不过把倾诉对象变成了一张白纸罢了。

2. "写什么"不重要，重要的是"怎么写"

总有朋友抱怨孩子缺乏写作素材，说孩子没有什么爱好、也没做多了不得的事情。这实质是对写作素材认识的误区。谁的生活中有那么多惊涛骇浪呢？都是平凡而琐碎的生活，只要智商正常，有正常的感知力，就有东西可写。你的梦境，家人的一次谈话，路边的蚂蚁，一次争吵，一个电视节目，喜欢的游戏，一首喜欢的歌曲，都可以写。任何事物，无论多么微小、不起眼，都可以作为写作素材。不在于你"写了什么"，而在于你"怎样写"！

突破禁忌，自由写作

夜晚，看着窗外不远处的跨江大桥，常青说："你看，这跨江大桥像通向黑暗，通向冥府，通向未知。唉，可是现在的作文，我都无法写这些感想，用这些句子了。"六年级了，常青感叹作文中，用不上他喜欢的句子。

写作本来和说话一样，人人都有自由表达的需要。只不过一个是书面系统，一个是口语系统。但遗憾的是，我们非但没有给孩子更广阔、更自由的写作空间，反而设置了许多枷锁和禁忌。我们自以为在帮助孩子写作，其实恰恰是在阻碍孩子写作。这些禁忌包括：只能写正面的、积极的事物，不能写消极的、反面的事物；写作是一项庄重严肃的事情，不能在写作中"嬉皮笑脸"；写作的题材仅限于真人真事，不能在写作中撒谎；每个事件都要提炼出一个生活哲理与感悟；三段式或四段式、五段式结构……

写作中到底有没有禁忌，什么被允许写进作文，什么被禁止写进作文，谁有权利规定这些？写作中的禁忌，对儿童写作又有什么影响呢？

作文，为谁而写？

写作，就是要表达、倾诉。那么问题来了，你要向谁倾诉呢？

我们写文字拍照片发送朋友圈，要发给"谁"看呢？无非就是想让你的亲朋好友阅读分享你生活中的酸甜苦辣，这些人就是你发送的对象。我有一个朋友很擅长写作，心思敏感，但很少发微信，她说，反正也没有人关心我，我发给谁看呢？玩微信，我们为什么要屏蔽一些人呢？我们为什么要对朋友圈分组呢？他可能是你以前的恋人，可能是你的上司，还可能是你的父母，你屏蔽了他们，就意味着你选择了一部分读者，同时拒绝了另一部分读者。

如果你写小说、诗歌、散文，阅读这篇作品的人就是你想象中的读者；你写一篇演讲稿，参加会议的听众就是你的读者；你写一个电影剧本，观众就是你的读者；如果你要写日记呢，那你自己就是自己的读者，如果父母偷看你的日记，这样的读者肯定是一个不受欢迎的读者。

这么看来，我们写作，总有一个潜在的读者。

那么，孩子作文的读者是谁呢？从小学到高中，孩子作文的读者只有一个人，也就是说，孩子的作文实际上只为一个人写作，这个人，就是语文老师。

在所有科目中，语文对孩子的世界观、价值观的影响最大，它潜移默化地塑造着孩子们的思想与行为。百年前梁启超、鲁迅都试图通过文艺作品来改良国民性，因为文艺可以以非常隐蔽的、被大众所喜爱的形式对读者施以潜移默化的影响。

这样说来，孩子们一直在语文教师的喜好框架里面写作，符合老师口味的就会获得表扬，如果不符合就会被批评。仔细想想，这很可怕，"老师"这个唯一的读者，竟然影响着孩子从启蒙到成人阶段的整个写作。

如何写作，都是在老师的引导下进行的，没有任何一个人能够像语文教师那样掌握着孩子写作的"生杀大权"，也没有任何一个人能够像语文教师那样兼具命题、指导、批阅、评点作文这样几重角色。

日记是孩子写给自己的文字，它的读者只有一个，就是孩子自己。这时孩子全身心放松，记录内心深处真正的声音。他把内心的小秘密写在日记里，就是因为日记的读者只有他自己，把日记锁起来，是因为他拒绝父母作为读者。我们回过头再看看家长和老师布置的日记，孩子为什么不愿意写呢，因为这份日记不是真正的私人日记——是一份公开日记，为家长和老师写的，自然就不愿意写了。

某些命题作文，让孩子完全在一个封闭的预设的语境中写作。为一个指定的自己并不熟悉或不感兴趣的命题，在一堆清规戒律的镣铐捆绑下等待着老师的评判。我想作为任何一个成人都不会爱上这样的写作。写作终归到底是为了表达。不平则鸣，人有了郁积、愤懑，才有表达的欲望和冲动。欧阳修说："诗穷而后工"，人越是郁郁不得志，越是遇到挫折，诗文反倒写得越好，就是这个道理。

我们要给孩子不为老师写作的自由，忘记老师这个读者，父母一定要主动充当孩子作文的读者，去欣赏他、鼓励他。

一直喜欢写作的儿子，面对六年级时老师布置的作文《你长大了吗?》，他犯愁了。因为老师已经预先进行了辅导，提出了一系列的要求，其实就是框定了许多规矩。他来求助我。

我说："如果我写呢，我会写，我既长大了，又没长大。"

常青坚决反对："老师不会喜欢这个立意的。"

我反驳："可是很多人一生都在学习长大呀，你看妈妈，虽然四十多了，但很多方面还是没长大。"

儿子斩钉截铁地说："不行，老师不会喜欢的。老师不喜欢，要罚重写的。我不想重写。"

上初中后，母子以前和谐的作文讨论，总是被一个"第三者"——老师破坏了。我的提议，常常被一句话否定了，那就是，"老师不会喜欢的"。

我笑着说："老师喜欢的作文，我当然知道：你必须是长大了的，并且一定要如老师所愿的，长大了，懂事了。比如你能为生病卧床的妈妈做一顿饭啦，比如你能为劳累得满脸流淌汗珠的妈妈擦拭汗水啦……"

儿子大喊，太肉麻，太肉麻啦……

为什么就不允许孩子写没长大呢？长大是一种成长，没长大的反思，不也是一种成长吗？像这样揣测老师的喜好去作文，已经不是一次两次了，"妈妈，作文里面开玩笑，老师会批评吗？""妈妈，作文里写怪兽游戏，写我不喜欢写作业，老师会生气吗？"

语文老师哪里只是语文老师？哪里只是批阅一下作文呢？甚至有时作文与学校的规章制度、道德要求、惩戒措施都捆绑在一起，作文不单纯是作文，而变成老师窥探儿童内心的一个入口，进行道德评价的标准之一，孩子写作时怎能不掩盖起真实，去迎合老师偏狭的口味呢？

当然，这个锅不能只让中小学语文老师来背，真正推波助澜的应该是整个教育界对作文深深的误解。

"粗话"的力量

语文教育把语言的规范性视为生命，把语文教育当作载道的工具，语文课本的教学目的，就是规范儿童的语言与思想。这使得儿童写作时，认为写作必须用"正经语言"，写作姿态必须神圣而庄严，甚至认为写作必须要有天赋。

流行于美国的创意写作，其目的是激发每一个成人的创作潜力，它打破了一整套人们对于写作的误区：写作不是什么了不起的、神秘的技能，作家也不是拥有多高写作天赋的人，我们每一个普通的人，都可以通过适当的写作训练，成为作家或者写手。它鼓励人们尽情地去写，不要担心错别字，不要担心是否通顺，不要担心别人读到会笑话，不要期许发表，只是给自己写，只要不停顿的一口气写下去。我的同事的写作网课，学员常常是工厂工人、快递小哥，在他的指导下，他们讲述自己的故事，能写出几万字的小说。道理很简单，因为每个人都有表达的欲望。

在《写出心灵深处的故事》中，作者对比了美中写作训练：在美国的创意写作当中，第一条规则就是没有规则，只要写，但是必须确保是在写而不是在思来想去，忧虑重重，而且必须写得快。但是我们传统的作文课呢，恰恰相反，我们通常要遵循很多规则，结果我们总是先想半天再列提纲，真正开始写的时候却写得很慢，计算着字数是否已经达到要求，在这种情况下，我们实在很难体会到写作的自由和快乐。

写作本是一件很自然的事情，和我们吃饭、睡觉、呼吸一样，只要我们活着，就必须呼吸，只要我们呼吸我们就可以写作。要像呼吸一样自然地写作。自由写作，常常可以整理、挖掘潜意识当中连我们自己都未曾察觉的东西。我们经常有这样的感受：默想时，思想是飘忽不定的，但把它说出来，就比想的要好，把它写出来，就比说的还要好，这是从思考到口语到书面语，思想不断深化、条理化的过程。

我每隔几年就会回到故乡，在我小时候居住的旧筒子楼前徘徊，心里郁结着一种说不清道不明的情绪。虽然我在异乡，但筒子楼里的故事片断，时不时就会浮现出来，搅得我心神不宁。今年回去，恰逢老邻居聊起过去，激活了我的记忆，我把小时候听到的故事，不怎么费劲儿就写出来，成为一篇小文，心里的郁结似乎减轻了一些。常青的爷爷去世后，常青爸爸日夜思念，又无以寄托，每天早上一起床就打开张国荣的《往日情》来听，听了三个月，之后他写了一篇纪念父亲的文章后说"心里好受一些了"。从此，《往日情》不再响起。对于普通人来说，写作，是对零散思想的一种梳理，是对潜在情绪的一种释放。

写作是什么？为什么写作？原因在于体验到写作的自由和欢乐。这是写作的第一目的。对于初学写作的儿童来说，没有什么比自由写作更能让孩子爱上写作的了。然而事实是，在孩子还没有学会写作的时候，我们就给他们套上了一串枷锁，让他们原本不太顺畅的写作，变得更加艰难。

除此之外，现实的禁忌，往往转移成写作中的禁忌。比如，说詈语。有些孩子常常喜欢说带有"屎""尿""屁"这样的"粗话"。常青的父亲，在教育上非常宽容大度、民主自由，但唯独对于"粗话"异常反感，如果常青嘴里冒出来"粗话"，是要受到严厉处罚的。事实是，这种限制反而更加强化了他对"粗话"的极大兴趣：为什么简单的这几句话，有大人天天挂在嘴上当口头禅，有同学很轻松说出这几个字，而父亲就会暴跳如雷？我猜测，他第一次感受到语言强大的力量，就是从"粗话"开始的。每次说"粗话"，都会引起大人的强烈反应时，他就会觉得这些字眼特别有力量。而且，大人越是反应强烈，越是阻止他，他就说得越起劲。这时，他完成了一个不被允许的行为，并从中体会到了隐秘的反叛的快感。也有的孩子会通过说"粗话"引起大人的关注，或者宣泄他们的负面情绪。

常青背起语文课文和古诗来，特别费劲儿，但阅读起杨红樱的小说，几乎达到了过目不忘的地步。读得兴奋了，还会跑过来和我一起分享。比如《淘气包马小跳·四个调皮蛋》中写屁大王一段，立马一字不落地背会了，到我面前卖弄："为什么天上这么黑？因为牛牛满天飞。为什么牛牛飞天上？因为地上有人拼命吹。"说完他就乐不可支地在房间里飞奔。对于这些分享，我向来照单全收，绝不斥责他。他时不时会背着父亲偷偷问我，这个是粗话吗，那个是粗话吗，我可以说吗，如果父亲不在家，赶紧低声咕哝两句过过瘾。后来，他开始和我暗暗研究起骂人词汇。

"为什么人要造出那么多骂人的词儿？"常青问。

"骂人的词儿虽然不是刀剑拳头，但也是一种暴力……"我说。

常青似有所悟："是不是人们要发泄心中的愤怒？它是不是像一个无形的鞭子抽打人的心？"

既然感兴趣，我们就谈谈，老妈我也感兴趣。"什么样的词容易被用来骂人呢？"最后你一言我一语，母子俩搜集了不少中国的骂人词汇，进行了一次别开生面的"詈语研讨会"。

说了半天，这些被认为不雅的、在我们口头又常用的词，能不能写进作文呢？鲁迅说"我的杂感常不免于骂"；著名诗人北岛，我们熟知的是他的那句"卑鄙是卑鄙者的通行证，高尚是高尚者的墓志铭"，但他还有一首诗《履历》：

我曾正步走过广场

剃光脑袋

为了更好地寻找太阳

却在疯狂的季节里

转了向，隔着栅栏

会见那些表情冷漠的山羊

直到从盐碱地似的

白纸上看到理想

我弓起了脊背

自以为找到了表达真理的

唯一方式，如同

烘烤着的鱼梦见海洋

<u>万岁！我只他妈喊了一声</u>

<u>胡子就长出来了</u>

纠缠着，像无数个世纪

我不得不和历史作战

并用刀子与偶像们

结成亲眷，到不是为了应付

那从蝇眼中分裂的世界

在争吵不休的书堆里

我们安然平分了

倒卖每一颗星星的小钱

一夜之间，我赌输了

腰带，又赤条条地回到世上

点着无声的烟卷

是给这午夜致命的一枪

当天地翻转过来

我被倒挂在

一棵墩布似的老树上

眺望

"万岁！我只他妈喊了一声 / 胡子就长出来了"，这是我上大学时听到老师吟诵的一句诗，那时的震惊，无以言表，原来丑陋的字词也可以进入诗歌。在"文革"人性被扭曲与践踏的背景下，似乎只有暴力词汇才能表达内心的呼喊与愤懑。谁说"低俗"字眼不能入诗呢？新生代诗人伊沙有首诗《车过黄河》，还挺有名。

列车正经过黄河

我正在厕所小便

我深知这不该

我应该坐在窗前

或站在车门旁边

左手叉腰

右手做眉檐

眺望 像个伟人

至少像个诗人

想点河上的事情

或历史的陈账

那时人们都在眺望

我在厕所里

时间很长

现在这时间属于我

我等了一天一夜

只一泡尿功夫

黄河已经流远

诗人像个顽皮的孩子，对于黄河所代表的崇高，表现得漫不经心，"只一泡尿功夫 / 黄河已经流远"，"一泡尿"和"黄河"，一个俗，一个雅，对比相当强烈。

所以，应对孩子们的詈语，最好的办法就是淡然处之，压制解决不了问题，反倒让孩子更好奇，家长只要进行适当的引导和讨论，随着孩子长大，慢慢就不再需要通过詈语来获得力量感了。相信他们一定会变成一位绅士或淑女的。

鸟儿死了，去哪儿了？
——儿童的生命哲学思考

9 岁的常青，在看地图时发问："为什么非洲国家之间的国界线都是直线，欧洲的都是曲里拐弯的？"这是个很好的地理、历史问题。非洲被欧洲列强瓜分，强国们大笔一挥，把非洲分成许多块儿，这块儿地是你的，那块儿地是我的，于是非洲的国界线就这样被划分出来了。当我们讨论社会问题的时候，常青突然加入进来："我记得《哈利·波特》里有一句话：世界上没有善与恶之分，只有有权力与无权力之分"。小学生能说出这样的话，让我很是吃惊。父母往往低估了孩子们的思考能力。

有位圈友记录了女儿学习《凿壁借光》时生发出的"十万个为什么"：

1. 穷人的隔壁怎么会住个有钱人？
2. 这个人凿墙之前是怎么知道邻居家灯火通明呢？
3. 如果从窗子可以看到隔壁的光，为什么不直接在窗前学习呢？

4. 如果是个有钱人，应该是个聪明人，会理财，应该懂道理的，为啥不跟人家商量借点光，却偷偷把人家墙弄坏了来占人家的便宜？

5. 他这样做，他家里人知道吗？也不阻止他吗？

6. 就算他隔壁的有钱人不愿意借他光，那就不借呗，他也不能把人家的墙弄坏了呀，还偷偷摸摸的。

7. 他再爱学习，也是个不光明正大的人，为什么这么久以来大家都说他好？我觉得他不好。

语文教学中对《凿壁借光》只有一个标准答案：反映了勤奋、爱学习。但教育的真正目的，是培养孩子独立思辨、多角度思考问题的能力。我们总是居高临下、自以为是，认为孩子思辨能力弱。美国哲学家马修斯说，儿童是天生的哲学家。他通过一系列研究，发现哲学中的基本问题，儿童都思考过。但很可惜，至今我们的语文教育还没有在培养孩子思辨能力方面有太多的作为。

儿童文学，是不是一种快乐的文学？为什么这能成为一个问题，因为我们一直觉得语文教育担当着给孩子以正确的、积极向上的人生观引导的任务。语文到底是给孩子一个经过成人过滤后的充满阳光的世界，还是直露虽不尽人意却真实的人生？

儿童文学作家曹文轩奇怪于不少家长教师刻意避讳"苦难"。苦难，并不是让孩子绝望、颓废，而是对生命的体认，生活本来就不易，这是成长必经的阵痛。如果刻意让孩子回避，反而不利于其成长。儿童文学并不天然写快乐，它也要写喜怒哀乐，写生活。

"欢愉之辞难工，穷苦之辞易好"。快乐的、欢愉的文章难写，反倒郁闷愁烦的文章更好写。命题的作文，多偏"欢愉"而避"穷苦"，实际把更难写的作文，交给孩子去写了，这得多难为孩子们呢！

有个 12 岁的小女孩，写下这一段文字：

我一直以来的郁闷和学习无关，我在想死亡是什么？死亡是一种结束还是一种开始。如果是结束，那么我们为什么要在短暂的人生中做无聊的事情，遵守无聊的规则？我看过很多书，短短几十页就能概括一个人的一生，我感觉人生很荒谬，即便是留下自己的名字，又如何呢？如果死亡是一种开始，那么是一种全新的开始还是有我们这一生的痕迹。我们现在做了什么，能决定下一段生活；如果是全新的开始，那么我们现在的生活又有何意义？

这个孩子小学期间便博览群书，才六年级，已经在思考死亡这件事情了。当老师追要作业的时候，她回敬道："人生苦短，何必苦苦相逼呢！"小学生思考死亡问题是否过早，暂不评论，我只想说，孩子的思想，不要小瞧，成人未必比他们成熟多少。

在不快乐的命题中，我想最让人不快乐的是：死亡问题。

有人说，当一个人意识到死亡问题的时候，说明他成熟了。我意识到这个问题的时候已经到初中了。某日，我突然有了一个惊人的发现，这个发现不得了，惊得我后背直冒冷汗：终有一天，我会死去。而最令我伤感的是，那时候我就不能动了，不能跳猴皮筋、打沙包了。有时也会从梦中惊醒，因为梦到父亲或者母亲死了，在梦中绝望地哭，却哭不出来，直到抽噎着醒来，还好，一切都是原样，那一刻，多好，噩梦醒来的时候，是最幸福的时候。

但是，我们从来没有想过，这噩梦有一天终会成真。还记得《祝福》中那个可怜的祥林嫂吗？关于死亡的问题，我们一直都采取回避的态度。我们的哲人说："未知生，焉知死"，连生都没有搞明白，就不要庸人自扰，想那些没用的事情啦。一个目不识丁的农村妇女祥林嫂，用三个问题，把一个见多识广的知识分子问得张皇逃离。一个被苦难生活折磨得精神崩溃了的乡村妇女，提出三个残酷的哲学问题："人死后有灵魂吗？有地狱吗？人死后能否和亲人团聚？"知识分子无法给出答案，知识分子逃跑了，逃到哪里去了？逃回城里去了，为什么呢？因为城里有两元一盘的清蒸鲍鱼。你看，他逃到俗世当中去了，与其考虑这没有结果的沉重问题，不如躲到大快朵颐中去消磨时光。

我和大学生们一起讨论，我问：你想怎样度过一生？孩子们显示出特别的冷静与务实：一屋，一人，一猫即可。我问：有没有那么一刻，某个场景，似乎在哪里经历过？有的说，那是前世的生活碎片，在此世的映照；有的说，那是平行世界的自己或类自己的投射。有时会突然悲伤起来，可能是平行世界的自己死了吧。

终有一天，儿童也会向你提出同样的问题，因为他的生活中常会遇到"死亡"现象：路边冻死的小猫的尸体，马路上被汽车压死的麻雀，花儿开了又谢了。它们都到哪儿去了呢？我家院子里一只断了翅膀的鸽子，飞不起来了，一瘸一拐，空中盘旋着乌鸦们等待着扑下来饱餐一顿。常青奋力驱赶这些黑色的幽灵，次日再也没看到断翅的鸽子，它到底去哪里了？是不是依然没有逃脱死亡的命运？常青为此担心了好几天。常青养蚕，最后不得不眼睁睁看着蚕死去。凡此种种，都会让孩子自然发出关于死亡的疑问。

你准备好了吗？怎样回答。我们不可能蒙着孩子的眼睛，假装死亡这个问题并不存在，我们也不能编造谎言，说出门了，远行了。我们应该认认真真和孩子一起谈论"死亡"。

伦敦郊区哈罗小镇，有一个公园，公园里有一片墓地。高高低低的十字架，大大小小的墓碑，被鲜花围绕着，毫无肃杀之气。除了竖立的十字架和墓碑，与一般公园无异。人们自如地在墓地旁边散步，这让我很是惊讶。因为中国人对鬼魂、墓地、逝去的人是害怕、避讳的。我从小就被禁止说出"死亡"这个字眼，当然更不能提这个话题，会被认为不吉利，万一不小心说出口，母亲赶紧训斥说，大清早的，你胡说八道些什么，赶紧吐两口唾沫，把浑话吐掉。

我们去镇上采购，每每经过，常青看到这些墓碑，就要问起来。他一改往日谈论什么都嬉皮笑脸的样子，一脸的肃穆和凝重。但我们也和《祝福》中的那个知识分子一样，不知该如何回答他的问题。人死后去哪里了？由此我们也只能以天堂、地狱一类的搪塞他。自此以后，听到有人虐待猫狗的，他就会说这些人会下地狱的。

随后常青的三幅绘画作品中，我发现了他对"死亡"问题的关注。这三幅作品呈递进关系，尤其后两幅之间。大概伦敦颇具美感的建筑给了他不少灵感，画的是我们居所附近的建筑。最后一幅，左侧是两座风格迥异的教堂，右侧是或拱形或方形的墓地，十字架立于其上，墓前还有鲜花。作画时，还继续和我讨论：为什么坟墓上有十字架？好人死后真的可以进天堂，而坏人下地狱吗？妈妈，我可以画墓地吗？

小镇还有一所著名的贵族中学——哈罗公学，英国首相丘吉尔、大诗人拜伦，都曾求学于此。中学几乎占据着大半个丘陵，草木葳蕤，但上山的林荫小道两旁，布满了墓碑，常青曾经望着这条路死活也不肯走，说害怕。

哈罗的男孩子们，在教堂旁走过，在墓碑旁读书，时刻能唤起对死亡问题的关注，思考死亡，就是思考生存，这样的生，应该不会肤浅而浮躁吧。拜伦的诗情，丘吉尔的勇猛，我想一定和这些有着某种联系。哈罗公学有几十首校歌，《Awake》是我喜欢的 48 首哈罗公学校歌之一。自然与青春，在山间回荡着，这是一首不仅能听，而且能闻到清新气息的歌曲，健康而不浮华，乐观而不做作，真诚而不矫饰。

清晨，微风呼唤，春天低语：醒醒了，小伙子们！鸟儿啊早就忙着筑巢，云雀啊已飞入云霄，板球场啊已被露水打湿。

这分明是给充满活力的男孩子们的诗歌啊！对历史、时间、死亡的思考，激发出生命的热情。

哈罗人还用其他方法纪念死去的人，比如"会讲故事的椅子"。公园的椅子，多为机构或个人捐赠，椅背上镌刻几行捐赠者的话。一个椅子上的文字说，镇上的某某老人，在这个公园遛狗遛了四十年。还有一位纪念逝去的爱人，因为他们在这个小镇生活了 79 年，肩并肩坐在这条长椅上看风景。瞬间，我一个异乡人，觉得这个陌生的小镇，角角落落都有故事，一个充满温情的小镇。在这个小镇上，似乎死亡的人，并没有真正离去，他们和亲人以这样的方式依然生活在一起。

关于"死亡"的话题，动画片《寻梦环游记》就处理得相当完美。死亡并不总是伴随着黑暗、阴森、鬼怪，而是五光十色的璀璨世界。朋友说要带孩子去看，想让他知道，爷爷并没有真的离开这个世界，他还活在记忆中。

常青从小胆儿就小，东西啪啦掉在地上，也能吓哭。快九岁了，最怕黑暗，从客厅摸进卧室，也不敢，可能胆子越小，反倒对恐怖的东西越好奇。三年级时，他最喜爱的英语老师在朋友圈连载自己创作的恐怖小说，他受到了激励，也要写一个恐怖故事，他说："我只敢在白天写，因为晚上写，怕把自己吓着。"

墓碑下的鬼魂（三年级作文）

这天夜里，无张明在家里和李小明一起悠闲自得地看电视。他们是一对好朋友。无张明的爸爸妈妈去集市上参加晚会，明天一早才回来。无张明说道："喂，我看你这样子，都要睡着啦！"李小明大叫道："切，你才要睡着了呢，哈哈哈……哈哈！"他俩聊得可开心。眉开眼笑的俩兄弟可不知道，在墓园里……一块墓碑底下的泥土松动了，"呼隆！呼隆！"这声儿把守墓人吓得魂飞魄散。泥土里面伸出一只手骨，然后头盖骨、眼睛、肋骨……你一定猜到了，那是个死神！一个骷髅死神！眼睛发亮发绿。它慢慢悠悠地，晃晃悠悠地走向集市。

如果在学校，我想他永远都不会有机会写一个把自己吓得半死的恐怖故事，虽然这次依然是一个烂尾工程。

只有在课下的自由写作中，才有机会书写死亡——那个让他既困惑又害怕又着迷的话题。某天他说，我可以写地狱吗？我说当然可以。有个意大利作家但丁，他的《神曲》就写地狱啊，写九层地狱长什么样儿。他有点开心了，宣布要写恐怖小说，虽然写得自己很害怕，但我想这个写作过程，也是他释放恐惧的过程吧。

四年级在他的小说中，他再次遇到了一个关于"死亡"的情节，比起三年级纯粹写恐怖，已经有了相当地改进。谁说"死亡"就一定是个负能量的主题呢？常青的处理，满满的正能量啊。

几条鲨鱼闯关的时候，面临一个重大抉择：为了集体，谁牺牲自己留下来？

右边的墙壁上方十米处渐渐浮现出一个西瓜般大的黑色按钮，上面的"开关：仅用一次"的六个白色大字赫然醒目。根据"生活中也会有牺牲"的意思来看，那一定是让巨齿鲨他们中的某一个留下来按按钮，但那个按按钮的一定是因来不及在大门关闭之前逃离，就会被困在这里，和潜水艇继续搏斗。

"我留下来吧，你们去！"大家异口同声地说，都自告奋勇，结果争论不休。

"我的牙齿能一下子把潜水艇撕烂！"直升蝎说着撕烂了一个潜水艇。"你能吗？所以，我才应该留——"

"不对，是我。"邓氏鱼大叫道。"我的皮能抵抗鱼雷，你看——"他往一个鱼雷上一撞，马上掩饰住痛苦的表情，"所以——"

"巨齿鲨说我没用，所以我留下来。"原子鲨鱼简短地说。

这一段我最欣赏的是，原子鲨鱼要留下来，理由既让人心酸又充满着幽默："我没用，所以我应该留下来。"一直备受歧视的人物，被大家视为没用的家伙，在关键的时候却顶天立地、大义凛然，可爱、可敬的人物形象就立起来了，性格也丰富了。常青对"死亡"的理解，更丰富深刻了。

如果正能量是虚假的，那还不如真实的负能量。再说，正能量与负能量又如何区分呢？有时世俗眼中的负能量，倒是正能量。

有一考试作文，如下：

认真观察丰子恺的《哀鸣》图，想象猫与笼中鸟的故事。自拟题目，做到叙事完整，中心明确，重点突出，表达真情实感。

家长们普遍觉得题目难，但有趣。因为它没有预先设定的主题，能就画作讲个完整的故事就好。有人这样解图：求之不得的哀鸣，坐以待毙的哀鸣，因为一只笼子，两个世界各自紧张却彼此安好，各种可能的故事。还有人赋诗一首："笼中玩物，篱下豢宠。同在囹圄，相煎太急。"但某作文培训机构却这样指导作文：从画作猫逗鸟、从画题《哀鸣》来看，都表示猫在等鸟出来，鸟因害怕而缩在笼内。再引申开来，困难就像是猫，很厉害，我们就像是小鸟。画作主题就是，无论怎样的困难，想要飞出鸟笼，获得自由，唯一的办法就是不能退缩，让自己变强大，战胜猫，弘扬正能量。这个解读，事先预设了一个"正能量"主题，再强行将图画往这个主题上去靠，实在有些牵强附会，一幅蛮有意思的图画，被解读得索然寡味。

美国作家雪莉·艾利斯每年都会带着他的学生去一个地方，这个地方能让感情得到升华，让心灵受到冲击，因为她要求学生描写死亡以及与死亡相关的话题。这个地方，就是公墓，埋着许多故去的名人。她说："我最好的作品都来自于我探索了以前从未到过的边界。"她去过医院、机械车间、停尸房，公墓……写作不一定是去遥远的风景名胜，只要是你所不熟悉的生活场景，能给你带来心灵震撼与触动的地方，就是很好的写作素材。

我们总说只有真情实感的作品才能打动别人，但我们又对题材设置了许多藩篱和障碍，一些真情实感，因为题材原因而被限制。写作与孩子的生活发生了严重的错位，捆绑住了孩子写作的手脚。作文，尤其低年级的作文练习，尽量少立规矩，少树禁区，允许孩子写错别字、有语法错误，在结构、主题，题材等等方面，不要有过多的限制。

一个喜欢相声组合"相声新势力"的中学生在微博说："是他们的相声改变了我一个偏理科的学生，其实我并不会写作文，甚至作文水平比较差，可是自从《明星》这个主题的作文后，我开窍了，甚至还拿到了一等奖。"那么这个孩子是真的写不好作文吗？其实是他的写作能力一直被压抑着，没有遇到一个合适的话题表现出来。

我们留意一下，孩子是任何体裁、题材的作文都写不好呢，还是写某些命题作文往往更困难一些呢？孩子是写游戏、有趣的对话、想象的故事，更容易一些呢，还是写游记就抓耳挠腮写不好呢？是时不时停下来回头数字数呢，还是一气呵成呢？常青有时写着写着就说，我写得刹不住了，那是遇到了对的作文题目，而有时候写一半就要回头数字数，这类作文一般来说，他都不会写得太好。

所以，不要低估儿童的思考能力，大多数的哲学问题，儿童也会思考。尤其生命与死亡的问题，回避，不是办法。常青经常提出来一些好问题："小草和大树，哪个更坚强？狂风暴雨中，小草安然无恙，而大树被连根拔起"；"蚊子和狗熊，哪个更厉害？猎人能轻而易举射杀狗熊，却很难打中蚊子。"这都是儿童哲学思考的一部分。

儿童每个阶段的思维特点，相应就会产生不同的写作特点，每个阶段的写作，都有它的可贵之处。中国文学发展各个阶段都有其特点和价值。远古的神话故事幼稚，但充满着想象力；先秦时期诸子百家，思想活跃，充满思辨的智慧与浪漫的气息；汉代文学铺陈富丽，唐代的又壮丽自信；明清长篇小说讲世间百态，述人生五味。儿童写作特点类似于远古神话和诸子百家的文学特点。我们不能因为远古神话稚嫩，就否定它的价值，相反，神话故事天马行空的想象，对世界自然生发出的好奇心，常常感动着我们。

正是我们忽视了孩子的写作规律，人为干预，出现了许多老气横秋的儿童作文。儿童作文中见不到天真质朴，而是故作深谙世界之道，动不动来一篇《读者》式的甜腻温情，动不动来一篇人生哲理感发，惟独看不到孩子。

教你一招：

1. 给孩子自由的写作空间

凡是成人头脑中的写作规矩，统统放一边，不设清规戒律，不求完整，不硬性规定题目、提炼主题和段落结构，没有字数限制，也不细究错别字、语法错误，不强求华丽辞藻，有话则长，无话则短……。先让孩子进行文字"涂鸦"，充分享受"写"的过程。

2. 相信孩子的哲学思考能力

写作不是什么神圣的事情，写作就是文字游戏，好玩儿就行。写作是孩子的白日梦，写作是自己对自己说的悄悄话，写作是疗伤。

一个八岁的孩子自拟了一道高考作文题。

由由边吃饭边说："妈妈，我也出了个高考作文题。"

妈妈："是什么？"

由由："题目是《孟婆请你喝汤，你喝不喝？》"

妈妈："那你喝不喝？"

由由："喝了孟婆的汤就失忆了，我不喝，喝了我就想不起爸爸妈妈外公外婆了。"

愿否忘记前生，这个孩子给出了让人动容的答案。这不就是关于生与死、此岸与彼岸的思考吗？

3. 父母做孩子的第一读者

每位语文老师都有个人写作偏好，水平也有高低，并不能把老师的所有建议奉为唯一标准，要选择性接受。J.K.罗琳的《哈利·波特》广受世界孩子喜爱，但你知道她刚开始投稿多家出版社都遭到拒绝吗？这些出版社是不是很像不欣赏《哈利·波特》的"老师"。如果过于相信"老师"的眼光，我们是不是很可能错过了一部风靡世界的精彩小说呢？如果过于相信语文老师的"评判"，那么你也有可能忽视了孩子的写作潜力。

你还可以为孩子准备一个只有他自己可以看的写作本或电脑，任由孩子在上面乱写乱画，只要他动笔，就可以了。为自己写，真情流露，孩子往往放得开，想写什么就写什么，想写多少字就写多少字。所有的尝试都会内化为以后宝贵的写作经验，这个经验，只有孩子亲自摸索过才有效，比语文教师通过外力指导写作的效果强上百倍。

"我可以在作文里'说谎'吗？"
——真实、虚构、虚假

作文，要适当虚构

常青：有的人很较真，很无趣，而有的人想象力却很丰富。

妈妈：何以见得？

常青：比如一滴露珠，有趣的人就会说，这是上帝的一滴眼泪，而较真的人会说，不，那就是一滴露珠。

这是我们母子的一次日常对话。露珠到底是自然界凝聚成珠的露水呢，还是上帝的一滴眼泪呢？这触及了写作当中的一个问题：真实与虚构。露珠就是露珠，这是事实，记录这滴露珠的原样，**就是非虚构写作**；露珠是上帝的一滴眼泪，露珠与眼泪相似，有其真实性，但又不是露珠，**这是虚构写作**。

曾几何时，写作变成了灵魂自我剖析的工具。用文字来反省、悔悟、检讨：如果班级卫生评比得分差，老师一生气，罚孩子们回去写篇作文，自我检讨一下；如果孩子调皮捣蛋，弄脏了几个学生的衣服，老师很生气，罚全班同学回去写事情的经过。

也有时候，作文为应景而作：重阳节要给爷爷奶奶写封信；雷锋纪念日要写一篇赞颂雷锋事迹的作文；班级组织活动或旅游，回家后要写一篇游记。如果写作总是与强加的任务联系在一起，孩子本能地会躲避写作。

以上种种，不仅消磨着孩子对写作的好感与热情，更可怕的是，首先混淆了作品的不同种类。哪些是虚构作品？哪些是非虚构作品？检讨书、反思书、信、日记、周记等是非虚构作品，而小学阶段练习的最主要的是记叙文，而记叙文既可以虚构，也可以非虚构。

2003 年普利策特稿奖获奖作品《恩里克的旅程》记叙了中美洲洪都拉斯儿童恩里克数次冒险偷渡到美国寻找妈妈的血泪旅程。

第 1 次他和朋友乔斯一起从洪都拉斯出发。他们走了 31 天，从危地马拉进入墨西哥中部的韦拉克鲁斯州。在那里，移民警察从火车顶上把他们抓住，用大巴士把他们送回了危地马拉。那种大巴士被偷渡者称为"泪水巴士"，它每年要把超过 10 万名悲伤的偷渡者送走。

第 2 次恩里克独自一人。5 天后，恩里克在火车上睡觉不慎掉了鞋子，警察上车来查询。恩里克光脚从火车上跳下，没跑多远又被警察抓住送回了危地马拉。

……

第 6 次，他几乎成功。他用 5 天多的时间几经周折扒车走完了 1564 英里的路程，到达了美国和墨西哥边境的格兰德河，他甚至已经看见了美国，但他在铁路边吃东西时再次被警察抓住。他们把他送到墨西哥城的拘留营，第二天恩里克又回到了危地马拉，好像他从来没有离开过。

这是恩里克的第 7 次冒险。他清楚地记得自己的遭遇。那天晚上，他爬上一辆货运火车。一个陌生人也爬了上，来找他要根烟。树影遮住了月光。恩里克没看见这个陌生人的背后还有两名男子，也不知道车厢的另一头还有另外 3 人蹲在那边。那个人走过来抓住恩里克的双手，另一个人从后面把他抱住，很快 6 人把他围住。他们猛力地抽他的脸颊。一个声音说把所有东西都拿走。接着恩里克感到一阵棍棒打在他身上，一根棍子在敲击他的后脑勺后断了。

这就是原原本本记录一个事件,也就是人们说的**非虚构写作**。

哈利拼命把这些都记在心里,伸手取了一撮飞路粉,走到火焰边。他深深吸了一口气,把粉末撒进火里,向前走去;火焰像一股热风,他一张嘴,马上吸了一大口滚烫的烟灰。

"对——对角巷"他咳嗽着说。

他仿佛被吸进了一个巨大的插座孔里。他的身子好像在急速地旋转……耳旁的呼啸声震耳欲聋……他拼命想睁开眼睛,可是飞旋的绿色火焰让他感到眩晕……有什么坚硬的东西撞到了他的胳膊肘,他紧紧夹住双臂,还是不停地转啊转啊……现在好像有冰凉的手在拍打他的面颊……他眯着眼透过镜片看去,只见一连串炉门模糊地闪过,隐约能瞥见壁炉外的房间……咸肉三明治在他的胃里翻腾……他赶忙闭上眼,祈求快点停下来,然后——他脸朝下摔到了冰冷的石头地上,感觉他的眼镜片碎了。

进入壁炉,一撮飞路粉,念几句咒语,便可以飞到想去的地方,这就是**虚构写作**。

虚构与非虚构写作,有天壤之别。二者在处理材料、措辞运用、结构安排、语体风格上都截然不同。非虚构写作,必须尊重事实,尽可能还原或者客观呈现事实。虚构写作,人物、事件、对话都可以虚构,不必和事实一一对应,它不是传递事物本来的样子,而是表达作者眼中的样子。

如果不对两类写作加以区分,孩子自然会混淆两种写作方法,产生不少写作问题:非虚构写作中加入大量虚构写作。这个在大学刚入学的新生当中表现得特别明显,即俗称的"学生腔",尤其写论文，不太讲究逻辑和思辨，仍旧习惯于以叙述事例代替逻辑论述，以空洞的抒情代替说明；反过来，虚构写作中，又往往缺乏想象力，拘泥于事实。孩子分不清写作中哪些属于真实、哪些需要虚构？

《狼来了》，妇孺皆知，劝诫孩子不要撒谎的寓言故事。弗·纳博科夫在《优秀读者与优秀作家》一文中，假设了以下三种情况：

第一种，不是文学，只是真实发生的一件事情。

一个孩子从尼安德特峡谷里跑出来大叫"狼来了"，而背后果然跟着一只大灰狼。

第二种，是文学，其中有虚构。

孩子大叫"狼来了"，而背后并没有狼。

第三种是成功的文学，在真实的基础上，加以虚构。

孩子数次说狼来了，其实没有来，而当狼真的来了时候，却没有人来救他了。

狼来了，是真实；数次说狼来了，并没有来，是虚构；当真的来的时候，没有人来救他，这是在真实事情基础上，适当进行虚构，一波三折，就变成一个成功的文学作品。

在"应试作文"与"自由写作"之间挣扎

以下是常青四年级同一时段写的两篇作文，第一篇是自主写作的，一切都由自己做主，题材是他熟悉的，字里行间透露出对文字的热爱，极力调动有限的文字传递他想要表达的情感。

四年级自由写作：

突然，一头带着死亡气息的巨乌贼从天而降，横在了巨齿鲨的面前。从他那巨大的黄眼睛里可以看出一阵阵的凶光熏染着海水，四周的空气仿佛凝固了一般，半天，他们对视着，一句话也不说。

原子鲨鱼的嘴张得老大，像个大河马。

"你……你从哪来的？"原子鲨鱼眼睛直视着这杀气腾腾的、可以轻而易举地让他们永远闭上眼睛的巨乌贼。他一声狂吼，像一头愤怒的野牛撒开四蹄，气势汹汹地朝原子鲨鱼奔来。

直升蝎赶紧躲在一块礁石后面，大叫着"快点快点"。可原子鲨鱼背着巨齿鲨使了吃奶的力气才躲在了礁石后面，直升蝎还以为他是慢慢悠悠地划过来的呢！

巨乌贼游过时一下子把那块礁石掀翻了。石头滚到了一边，差点把巨齿鲨另一半尾巴砸扁。

鲨鱼也有像人一样的心理与动作，会说话、怒吼、恐惧，显然是虚构的。文章可以虚构，但巨齿鲨的恐惧感却是真实的，人人都能感受到。我们明明知道那是虚构的，仍旧读起来有味儿。

第二篇，是学校布置的作业。

四年级命题作文：
我最喜欢的传统佳节
我最喜欢的传统佳节是春节。春节有放烟花、吃年夜饭的习惯。

春节前几天，所有的亲友全都赶回老家，只见家里上下喜气洋洋，到处都是红灯笼，春节的气氛一下子出来了。

大人们跑到厨房里，忙碌了起来。他们在做我们的早饭——春卷。那些大人们辛苦却又很高兴地忙碌着，时不时地摸一下流到额前的汗。我们呢，就在一起嬉戏，快乐的叫声在老家的村子里回荡。

晚上了，这是小孩子最兴奋的时候，因为美丽的烟花将要飞起。爸爸带着我走到一片空地上。手里捧着一个烟花盒，点燃那根长绳子，赶紧跑开了。

"哗哗"地一声巨响，烟花在我们眼中绽放开来。有飞舞着的长龙。美丽的凤凰。怒放的菊花……

过春节真开心。它代表着福气，迎接新的一年……

这一篇显然是在迎合某种作文要求：节日一定是快乐的。六段式，面面俱到，开头与结尾点题，字数严格控制在 400 字以内，都做到了，但怎么都觉得干巴巴的呢。里面大量的情节显然是编造的、虚假的：早饭春卷，我们从来没有做过；乡村，他从来没去过，更别说在乡村过节；烟花，近几年已经不允许放了。因为没有生活经验，编造的情节，永远都只能有模糊的轮廓，或者抽象的概念，他无法提供具体的细节。细节，必须从生活中来，一个没有细节的作品，当然只剩下一些干巴巴的概念了，怎么可能生动起来呢？

以上一优一劣的两篇作文，你能相信，这是出自一个孩子之手吗？虚构的，读者并不觉得虚假，而编造的，就觉虚假。当然也有人会问，编造和虚构，不都是非真实的吗？不一样。凭空编造的情节，完全没有孩子的生活经验和情感的参与、过滤，当然不可能情真意切，唤起读者的共鸣；而虚构就不同了。虚构的情节，虽然不是一一对应现实，但一定有生命的痕迹、生活的经验、情感的触发。《白雪公主》是虚构的故事，但因为里面有人人能够感知到的真、善、美，所以它就有真实的力量。儿童文学作家曹文轩说，一条鱼与一位王子相爱是不真实的，但爱情却是真实存在的；一个人醒来时，发现自己变成了百足之虫，是不真实的，但由此而产生的压抑感却是真实的。妖精世界也好，动物、怪物、幻兽、幽灵世界也好，揭穿了看，它们只不过是人间真实世界的映照罢了。

常青写诗《我的爸爸》，是基于生活中爸爸经常解答他千奇百怪的问题；他写恐怖故事，是因为他看到骷髅就害怕；写小说《鲨鱼传奇》，是因为他喜欢玩儿游戏《饥饿鲨》；写蚕蛾，是因为配合自然课，他养了几只蚕蛾。自主写作的关于鲨鱼的这篇小说，情节、人物、对话、场景，无一不是虚构的，但我们一点儿不觉得别扭、造作，而后一篇写现实，却觉得虚假、不自然。就是因为，它是编造出来的。

虽然孩子搞不清楚虚构与编造，但孩子的心理反应却说明了一切。常青写学校布置的作文，经常偷偷写，不太愿意让我们看，而自主写的作文，却常带着期盼的神情，渴望我们阅读。

学校作文《我的爸爸》，为了突出爸爸内外兼修的优点，他编造了爸爸在厨房里做饭的情节，写好后，我们照例要欣赏、朗读他的作文。他很不好意思地去跟奶奶道歉，说实际上是奶奶和面做饭，爸爸根本不会和面，但他为了写作文，把奶奶做的事情放在了爸爸的身上，希望奶奶能原谅他，因为他把奶奶的功劳给了爸爸。

虚构的鲨鱼世界和编造的爸爸做饭，这两个情节都不是真实的，但为什么孩子对前者得意，而对后者充满了说假话后的愧疚感呢？虚构，是基于真实感情、事实逻辑的艺术创造，虽然虚构，但仍旧给人以真实感；编造，是有悖于常情常理的胡编乱造，给人以虚假的感觉。

遗憾的是，语文教育中，常常人为地把虚构与谎言画了等号。虚构是写作的一种常用手段，而谎言是道德品质问题，把写作方法等同于道德品质，误导学生，以为作文中不能虚构，虚构就是说谎话，说谎就是品质差、坏孩子的表现。这等于给学生写作文戴上了紧箍咒，作文中一事一景都要与现实对应，否则就是在说谎。

朋友浅草春明在《应试作文"养成"记》中记录了爱写作的女儿面对的与常青类似的写作困惑——自由写作与应试写作之间如何平衡，虚构与说谎之间的界限是什么？

这是四年级的女孩子只为热爱写作而写的小说《梦湖》中的文字，是这样的：

四年级自由写作：

天还是阴阴的，野菊和狐狸走在羊肠小道上，周围的树上尽是枯枝，衬着阴沉沉的天，如同纵横交错的剪影。天地之间只是灰、白、黑的色彩，四周非常寂静，空气似乎都凝固了。忽然，野菊似乎听到了"扑哧扑哧"的声音，仔细一听，似乎又没有。不一会儿，又听见了"扑哧扑哧"的声音，这一次比上一次略响一些，但待野菊凝神细听，却又听不见了。野菊被这真真假假虚虚实实的声音弄糊涂了。她问狐狸："你有没有听到一种奇怪的声音？"狐狸点点头，说："我听到了一些扑哧扑哧的声音。"野菊想了一会儿，问狐狸："你说，难道是我们走路的声音吗？"狐狸摇摇头。野菊又想了一想，问："那是风刮过树梢的声音吗？"狐狸答道："也不像啊。""难不成是林中山涧流水声？"狐狸道："越发不像了。"野菊向四处张望，又略思索了一会儿，笑道："是了，一定是山鸟扑翅的声音了。"狐狸点点头。突然间，那"扑哧扑哧"的声音更响了，在林间此起彼伏。而第一声鸟叫终于响起了，就好像一首交响乐的引子，刚开始只有两三声鸟叫，渐渐的，鸟叫声多了，每种鸟的声音质地各不相同，清脆的如笛声、浑厚有力的如同低音号、欢快的如同小提琴声、忧伤的如同大提琴声、华丽的带着许多颤音的如同管风琴声、像阳光般灿烂、有穿透力的如同小号声。其中偶尔响起一两声短促俏皮的、似金属碰撞之声的鸟叫，像三角铁的撞击……野菊和狐狸听醉了。猛然间，她们看见树上停满了鸟儿，到处是各种各样的鸟窝。鸟儿们羽色艳丽，单色的有一身火红如火焰的、一身漆黑如夜空的、一身洁白如玉的、一身金黄如阳光的、一身翠绿如翡翠的、一身宝蓝如大海的……花色的有黑中夹杂点点白毛的、栗色羽毛上有赭色斑纹的、绿中带着蓝色水纹的……野菊和狐狸看呆了。

对于一个四年级的孩子来说，这样的文笔已经非常成熟惊艳了。但此种写法，总也入不了应试作文的法眼，考试作文屡屡碰壁。这对于一个热爱写作的孩子来说，无论如何也是个不小的打击。她不得已向应试作文靠拢，于是有了下面这篇作文《我不是个完美小孩》。

四年级命题作文：
我不是个完美小孩

我发烧刚好，就起了床，准备做作业。

因为刚退烧，我头重脚轻，糊糊涂涂坐到书桌前，拿起笔来，写出的字也东倒西歪。我昏头昏脑花了好长时间才做好数学卷，正想歇口气时，爸爸拿起卷子一看，勃然变色，批评我太粗心，字写得太难看，错了太多题。还说我期中考试会都得"C"……然后又数了数卷子上有几道题，冷笑着讽刺我："哈哈不错，你及格了。"我心里很委屈，真想喊出："我不是完美小孩！"

其实，我爸爸还是个好爸爸，经常带我出去玩，挤出时间陪我。他年轻时成绩很好，对自己要求很高，可能因为要期中了，比较着急才发火的。

可是，我真想辩解一下，告诉爸爸我病才刚好，告诉他我不是完美小孩……

每个人都不是完美的，正因为每个人都有小小的瑕疵，才这么迷人。

爸爸训斥的情节是编造的。孩子紧张地让妈妈向爸爸解释："你和爸爸说一下啊，这只是作文啊！"妈妈觉得这篇虽然符合应试作文的要求，但文章却没有文采，失去了美感，于是又循循善诱："应试作文也可以写得很美的，你想好主题和故事之后，里面要有精彩的描写，最后要有不错的升华才行啊！"

这次孩子很积极，她说："妈妈，那我随便想象都可以吗？"

"是啊，在主题的指导下，你可以进行任何合理的虚构！"

"那我写《妈妈，我不是完美小孩》可以吗？"

"可以！我相信你的能力，一个文字能力强的孩子，想写什么都不在话下，应试作文更不在话下，你随便发挥吧！"

于是孩子奋笔疾书，一挥而就，作文变成了《妈妈，我不是完美小孩》。

四年级命题作文修改稿：

妈妈，我不是完美小孩

难得一个清闲的周末，没有什么课外补习班，作业也较少，我把笔一丢，美美地伸了一个懒腰，望向窗外。夏日的早晨，没有中午的闷热，微风从半掩着的窗子吹来，给我带来一丝清凉。金色的阳光斜斜地照进房间，把轻摇着的花影投在地板上，院子里，一对白蝴蝶在追逐嬉戏着……

此时，妈妈拿着一大盘水果，走进了房间。她一看见我在发呆，一下就火了，对我吼道："怎么还在发呆，数学还没做呢！要小升初了，还不抓紧，真是的！"

我只得收起我那吓得散了一地的遐想，闷闷不乐地做起了数学，一边做一边小声嘀咕："真是的，好好一个周末又被搅黄了，什么都要好，我又不是个完美小孩……"

好不容易做完了数学，我有些口渴，盛水路上，我经过厨房，看见烟雾缭绕的厨房中，正在做午饭的妈妈用手轻轻拭去额头沁出的汗珠，自言自语道："唉！孩子也挺可怜的，作业又多，补习班也多。是不是对她太苛求了？毕竟没有孩子是完美的，下次不要对她大吼大叫了，要对她好点……"

最明亮的星球上也有黑斑，最美丽的碧玉上也有瑕疵，人也如此，但正因为这些小缺点，我们才如此耀眼，妈妈，你说对不对，对不对？

同一个孩子，呈现出不同的两种写作，好坏立判高下。为自己写的小说，是虚构，让人感受到虚构之美，文字之美，为老师写的作文，是虚假，连孩子都对这种虚假感到难为情，有负罪感。

语文教育，不仅仅在作文写作上大力鼓励虚假写作，导致孩子的罪恶感、虚伪感，而且在语文承载教化的理念下，挑选的大量语文阅读材料，又加重了"我有罪"的意识。你看满篇的"我低下了头……""我羞愧得涨红了脸……""我终于明白了这样一个道理……"等等，都是一种人格低下的、被教化的、浓重的"我有罪""我不完美""我需要被调教"的意识。但回过头再看看孩子们的自由写作，就像是变了个人儿一样，他们笔下的是细腻的、鲜活的、焕发着勃勃生机的世界。

以上展现的是两个热爱写作的孩子在应试写作与自由写作之间的困惑与挣扎。你会发现，真正喜欢写作的孩子，在应试作文教育模式下，不得不非常撕裂，一面是无数的清规戒律，一面是行云流水的想象。孩子不知何去何从？有的人选择了前者，应试作文，一路高歌，暂时有了好看的成绩，孰不知，背范文、抄模版、归类别，好看成绩的背后，很可能是孩子未来对写作的厌恶与恐惧，这是多么大的伤害！我痛心地发现，许多曾经热爱写作的大学生，就是在应试作文的折磨下，放弃甚至厌恶写作。有的人选择了后者，但内心惴惴不安。无论你多有创造力与想象力，最后拼的还是成绩。所以当常青说："我知道老师要哪种作文"的时候，我的内心五味杂陈。

作文为什么假、大、空？

在写作中，我们把孩子先天的、特有的虚构能力压制了，却拼命教唆孩子虚假。某一年，我参加了高考阅读，被分到了作文组。当年的作文题目是：

现今中学生的心理承受力差异较大，有的像鸡蛋壳那样脆弱，有的却很坚韧。那么你是怎样的呢？举出实例，写一篇关于你自己的心理承受力的文章。

当拿到第一份试卷的时候，学生情真意切地写在高考前夕，父亲突遭车祸，不幸身亡，但他抑制住内心的悲痛，复习高考。人都有恻隐之心，不免唏嘘感叹，着实被孩子的悲惨遭遇感动了；翻到第二篇，写幼年丧父，中学读书时，母亲又得了病，一边照顾母亲，一边复习读书，我觉得这个孩子也挺不容易的，又被感动了；第三份，万幸，父母健在，但境遇也没好到哪里去。说这次已经是第三次参加高考了。当我翻过这一本，再翻到第三本、第四本的时候，心里不禁起了疑，怎么这些个孩子个个苦大仇深，不是遭遇天灾就是人祸。后来我发现我的同情心被欺骗了。我想，孩子们考完试回去，一定不会对父母说，"你们被我写死了"，如果有老实的孩子要说，我估计父母也绝不会责怪他，因为他们都知道：这只是为了考试。只要成绩好，别说被写死一回，就是被写死几回也是值得的。

有时候越写实，反倒越不真实，太过于追求真实，就显得不真实。我们在作文中编造了多少虚假的所谓的真实呢？正是这种虚假，混淆了孩子们对艺术虚构与生活真实的认识。"扶老奶奶过马路"这种作文中拙劣得让人愤恨的梗，竟然福如东海，寿比南山。从我小时候开始写"扶老奶奶过马路"，到我的儿子这一代，四十年过去了，时间走到了互联网时代，孩子们仍然在写"扶老奶奶过马路"。这种虚假得令人发指的情节，竟然能安然地躺在孩子们的作文里几十年，简直是咄咄怪事。这也解释了，为什么越到初高中，孩子们的作文越来越千人一面，毫无个性。

但我们宁愿接受孩子正能量的谎言，也不愿意接受负能量的真实。我想，没有哪个孩子喜欢说谎，并且在说谎的文字里得到写作的满足感。鲜花固然不长久，但它是真实的，塑料花再天长地久，也是假的。作文要写得好，一定要忠实于自己的思想和感情。低沉的情绪，就把他写出来，不快的事情，也把他写出来，没有人因为你暴露了自己的弱点而嘲笑你。惟有真实，才能打动人。

季羡林《谈写作》中说"发表的文章是写给别人看的，难免忸怩作态，我写日记，有感即发，文不加点，速度极快。从文字上来看，有时难免有披头散发之感，却有一种真情流贯其中，与那种峨冠博带式的文章迥异其趣。"自由写作，难免有披头散发之感，但贵在真挚，也有那些峨冠博带式的文章所没有的意趣。

我费了很大的劲儿，才让常青弄明白，作文可以虚构。他说，老师让我们做一个诚实的孩子，那我在作文中怎么能说假话呢？我耐心和他讲明，作文中涉及的事情不必和现实生活一一对应。文字，就是你的画笔，写作，就和画画一样，就是玩儿，你想怎么玩儿就怎么玩儿，爱怎么玩儿就怎么玩儿。还是那句话，你的世界，你做主。我至今还能想起当时孩子欣喜的表情：

"骷髅可以写吗？"

"当然可以。"

"那地狱也可以写吗？"

"没问题。人家大作家但丁，就写了一部《神曲》啊，专门写地狱。"

"那……那……死亡也可以写吗？"

"你想写什么都可以。

孩子越问越兴奋，原来写作无禁忌。

但也有家长担心，我可不敢随便尝试，拿孩子学习成绩开玩笑。但你至少要给孩子随意写作的自由，学校之外的写作的自由。你可以给孩子准备一个可以顺手写字的本子，属于他自己的写作本。一定要告诉孩子，作文是一门艺术，可以随心所欲地添油加醋，作文只是为了阅读起来有意思，或者作文根本就不是为了什么，想写，就写吧。

不要过度拔高作文主题

过于热衷事物的意义，就有可能偏离真实，走向谎言。"记一件最难忘的……"，"我最（喜欢的）……"，"我长大了……""时代变了……"这类命题，都有一个导向：写入作文的，一定得有某种意义，一定要发现一个道理。

"道理写作"，要求从一粒沙里看到世界，要从一堆平庸琐碎的生活当中挑选"最……"的事情，实在有些勉为其难。对于成人来说，都很难，更何况人生阅历很少的孩子们呢。现在的孩子多是独生子女，与小朋友交流得少，生活圈子小，生活内容单调。常常宅在一个小空间里，或者教室，或者房间。时间也是一点一点、一秒一秒碎片式地向前流淌，孩子们要从这碎片式的时间与局限的空间中推理出一个人生道理来，违背孩子的思维特点。道理往往抽象，孩子们写不出来，只好编造。

也许一株花，就是一株花，它的美，人人可见。孩子能欣赏它的美，又何必一定从一朵小花里看到整个世界呢？一条河，就是一条河，谁都听得到它奔腾的声音，孩子只要在这奔腾声中感受到喜悦，又何必强求孩子区分河流与大海呢？孩子能欣赏美，把美化作生命的一部分，潜移默化，还怕孩子心里没有真善美吗？

我们某一瞬间的一个奇思妙想，写下来不行吗？我们在街上看到一个行为举止奇怪的人，记下来，不行吗？我们和爸爸妈妈一次有趣的对话，或者生活中的口角，把它写下来，不好吗？我们太热衷于"意义"了，生活中大多数的事情像流水一样，流过去就过去了，不一定非得有什么意义。孩子每天要听那么多的大道理、训诫，转而在写作文的时候也被强迫拔高生活。

周作人在《儿童的书》里说，什么样的儿童文学最好？不是面目可憎的具有教育意义的，也不是思想贴在内容表面的，而是那空灵的幻想和快活的嬉笑的文章。

他说儿童文学有三个层次，第一个层次最差，就像把一块果子皮放在上面就算了事，也就是，思想是思想，形象是形象，两个没有很好融合；第二个层次较好，像是果子味混透在酪里，思想不破坏故事的完整性，故事有点意思，比如安徒生的《丑小鸭》；而最有趣的是有那"无意思之意思"的作品，这里的"无意思"，是指文章只要能以"空灵的幻想与快活的嬉笑"来满足"空想正旺盛的时候"的儿童需要，就是好作品，而那些过于强调文字的教育意义的，显得面目可憎。

回过头来看看朋友女儿五年级时写的日记，没有典型的好人好事，没有最难忘的一件事，只是在探访外太公时，记录了外太公失忆后的几个片段。

2018 年 5 月 26 日

这次回老家。我看见了外太公和外太婆。

外太公已经 97 岁了，脸上布满了皱纹，像有人用刀在他脸上雕刻，却没有完成作品一般。记忆中，外太公虽然年事已高，但脑子还很清楚，可这次回来，外太公已经智力衰退，像个孩子一样。

我们回来时，外太公和外太婆在街旁的石椅上，妈妈走过去，指着自己说："知道我是谁吗？"外太公瞪着眼，茫然地说："不知道。"妈妈说："我几妙云（我外婆）噶诺（我是妙云的孩子）。"外太公愣愣地问："气噶妙云啊（哪个妙云啊）？"大家哄堂大笑。外公又问："那我是谁啊？"外太公说："你当然记得了。"然后说出了一个错误的名字，惹得大家又是一阵笑。

晚上外太公坐在房间里，灯光照到他的脸上，每一根皱纹都成了一缕光。外婆拿出一个小白瓶，倒了几粒药出来，对我说："外太公已经什么都不记得了，我现在连脑白金都给他吃，他能聪明一点。"她苦笑了一下，倒了半杯水在一个大铁杯里，拿着药过去对外太公说，阿白（阿爸），塞摇啰（吃药了）。"外太公机械地张开嘴，外婆把药放进他嘴里，再服侍他喝水，外太公嘴巴一动一动，上下咀嚼着，我心想：药丸都是吞的，外太公却用来咀嚼，会不会太苦了？外婆仿佛看穿了我的心思，说："他已经感觉不到苦了，放心。"然后又问："咽下去没有啊？"外太公说："咽下去了。"外婆说："张开嘴让我看看。"外太公听话地张开嘴，嘴里的药丸一颗也没咽下去。外婆哭笑不得，于是让外太公喝了点水，让他继续嚼。然后从一个大罐子里拿出几根金油枣，像每当小孩子不肯吃药，大人要用糖作为诱饵一样，将金油枣塞进外太公嘴里。看见外太公像个孩子一般，我心里十分难过。

希望外太公外太婆健康长寿！

因为这是日记，孩子写起来很放松。没有什么微言大义，也不过分拔高到人生哲理的高度，就记录了外太公得了失忆症后的样子。语言很朴素，因为亲身经历，有真实的细节，有感人的力量。两个细节选得特别好，一个是外太公认不出亲人来，一个是外太公已经失去味觉，还要像哄孩子一样哄着吃药。几乎全部都是对话，但真实的力量和传递的信息就隐藏在对话当中。因为是日记，语言也不用太顾忌规范性，所以在人物对话中用了方言，反倒更有生活气息。这些，都是在我们规规矩矩的课堂命题作文中不被允许的。真实，永远都是写作中最打动人的精魂。尊重生活，记录生活本来的样子，恰当选材，不人为拔高，不刻意伪饰，就能写出好作文。

✏️ **教你一招：**

1. 给孩子建一个《作品集》

家长注意保存孩子零星的习作，编辑一个属于孩子的作品集，在封面醒目的地方署上他的大名，编写好目录，每一篇注明写作时间。尽量编辑得美观好看，打印出来放在显眼的位置，时不时拿出来欣赏一番。有客人来，也可以当着孩子的面朗读，客人一般出于客气，肯定不吝赞美之辞。

即便孩子的文章写得有点儿乱七八糟，也没关系，只要把他的文字变成铅印字、变成一本"书"的样子，破除他对印刷文字的畏惧感就好。空闲的时候还可以开个家庭朗诵会，一起朗读孩子的作品，别小看一份小小的打印出来的作品集，孩子会有相当的满足感。

2. 在生活基础上合理虚构

作文是好玩儿的文字游戏，虚构能让写作变得更有趣。虚构并不是说谎，是艺术创作。忠实于孩子的情感、想象，可以为真诚写作助一臂之力。基于常情常理的虚构，虽非真实，却能打动人；而虚假相反，假装要引起人们的感动，但编造的故事和人物，虚伪、造作，违反常理，适得其反。

怎样阅读，才能写好作文？

写作之所以难以弄明白，是因为迄今为止，我们不能准确了解儿童写作的发展过程到底是怎样的。

一是因人而异，每个孩子认识世界的角度不同，阅读的书籍不同、生活的环境不同、个性特点不同，很难精细、科学地了解到底是什么最终影响了孩子的写作，又是怎样影响的。

二是写作本身是个复杂的信息转化过程，影响写作的因素非常之多，我们也很难准确捕捉到哪些要素更重要。

行万里路，还是读万卷书？
——阅历与读书，哪个更重要？

读万卷书，行万里路。

眼界和见识是写作的基础。比如海明威，传奇人生给他的作品提供了源源不断的素材。于是，家长们带着孩子旅行，认为这样可以多积累一些写作素材。有次在新疆巴音布鲁克草原，风景秀丽，一个小男孩被美景震撼了，兴奋地大喊。他妈妈在一旁说："你看，这儿多漂亮，回去写篇日记噢！"，小男孩立马像被冰雹砸蔫了一样，嗫嚅道："我不会写。"孩子只是纯粹地玩儿，他还没有把风景转换成文字的意识。我们也有类似惨痛的经历。带七岁的常青去欧洲旅行，我们觉得机会难得，想让他能把更多的名胜记在脑海里。当我们兴奋地冲向瑞士气势磅礴的沙夫豪森大瀑布的时候，他竟然被游乐场一个高大的滑梯吸引住了，反反复复爬上去、滑下来……任凭我怎样劝解，都无法说服他。很久以后我才意识到，这是贪婪的"占有知识"的心在作怪，想给孩子灌输更多的知识，占有更多的知识，而忽略了孩子自己的生命体验。写作，不是看到了，立即记录，有时候经历需要慢慢沉淀，遇到恰当的机会，一个偶然的触发，这些积淀才能联想到一起，最后成文。

可老子又说了："不出户，知天下；不窥牖，见天道，其出弥远，其知弥少。"足不出户，也能知事明理。你走得越远，知道的就越少。

有人就能"坐地日行八万里、巡天遥看一千河"，靠的是心的深度与广度。写出《追忆逝水年华》的作家普鲁斯特，一生为哮喘病所累，却能写出鸿篇巨制来。当然和他的遭遇相类似的作家也不少，比如海伦、史铁生，无法走万里路，他们的写作素材，来自因身体病痛而比别人有了对生活更深刻的体认。作家苏童说他小时候就是因为身体不好，所以总是躺在家里，静静听着小河流淌的声音，任思绪胡乱跑马。有人看到伦敦大桥、巴黎铁塔可能无动于衷，但有人看到一只老鼠在水瓮里上下攀爬、一群蚂蚁东奔西走，也能生出无限的遐想来。

也有人说，读书千万遍，下笔如有神。作家，一定是热爱读书的，但并不是每个热爱读书的人都能写文章。当然，写作一定离不开经验和阅读，因为一个文盲肯定不会写作。

人生体验丰富，阅读书籍量大，孩子写作的素材就多，不过，这些经历与阅读并不一定都能直接变成文字，还需要通过正确的引导，把阅读、经历转化为文字。

阅读转化为写作能力

有些家长疑惑，孩子读了很多书，写作却提高不多。这是知识积累如何转化为写作的问题，因为你读的书，并不能直接进入写作。有部分作家，也许本身并没有很高的学历，甚至没有接受过高等教育，但对文字敏感，阅历丰富，照样可以写出很好的小说来。所以我不认为知识水平、阅读水平一定与写作质量成正比，当然，没有一定的阅读，肯定是无法写作的。

阅读是一方面，但能不能把阅读恰当转化为写作，也是一种能力。比如常青阅读面不算广，也不系统，两年时间内，他最爱看杨红缨的系列小说，百看不厌。后来我发现，反复阅读的好处是，阅读效值特别高。反复阅读，不仅激发了他的创作欲望，同时他能够模仿、化用书里的写作方法。阅读也培养了他很强的判断力，能分辨出写作的好坏，就能吸收，在合适的写作语境中，就会自然而然浮现出来。阅读一定能滋养思想，滋养表达能力。

常青读《哈里·波特》，突然间很兴奋，跑过来给我看这一段文字，说杰克·罗琳的语言好厉害：

"你们来这儿干什么？"罗恩和费雷德同时问道。

"发信。"哈利和乔治异口同声地回答。

"什么，在这个时候？"赫敏和弗雷德一起说。

初看这段文字，很一般啊。但常青注意到，都是"同时说"，却有三种表达方式："同时问道"、"异口同声地回答"、"一起说"。我心下窃喜，这说明孩子的阅读进入了第二个阶段：有意识的、有效的阅读阶段。

第一个阶段的阅读，大多停留在粗枝大叶、阅读故事的阶段。第二个阶段，开始注意作品内部的结构、语言、风格等。

常青如何进入第二个阅读阶段呢，我以为是试写小说，给他这个机会。当他用几百字就把一个故事写完之后，发现哪里不对劲，他怎么这么快就把故事讲完了。于是回过头再去读《哈利·波特》，这一次，他发现了一个秘密。作家并非快马加鞭直达目的地，而是写得曲里拐弯，中间蔓出许多枝节来。他已经能够分析一部作品了，没有预设的写作理论，而是由自己阅读体会出来写作方法。阅读激发了他的写作欲望，尝试写作之后，再次回到阅读，有意识寻找自己写作中遇到的问题，书籍指导如何化解这些问题。这就自然而然进入高效率阅读阶段——阅读内化为写作能力。欧美语文课，多为研读整本小说，而非零散的几十篇文章，我认为是有道理的。以下这段选自常青四年级写的小说《鲨鱼传奇》：

光凭这幅景象，也能感觉到里面存在着某种神秘的东西，好像这千万堵墙中有千万双眼睛在瞪着他们，使他们毛骨悚然。好像这些目光只能感觉出来，却看不出来。似有似无的目光好像几万个钉子把他们钉在迷宫入口。原子鲨鱼们惊叹着眼前的一切，惊叹高高耸立的墙壁，惊叹幻觉一般的绿色"光雾"——正在离地面二十米高的地方漂浮着，像是诡异的墨绿色墨汁里透着荧光，像是惨云淡雾中透出的阳光；像是一个看不见的通往天堂的入口，似乎一直在组成骷髅的形状和惨叫的生物。

常青说，这段灵感来自《哈利·波特与火焰杯》第30章关于冥想盘的描述。我翻到这一章，果然，看到如下文字：

忽然，他发现玻璃匣上有一片银光在闪烁。他回头寻找亮光的来源，发现身后一个黑柜子里的门没有关好，<u>里面透出了明亮的银光。</u>……柜子里有一个浅浅的石盆，盆口有奇形怪状的雕刻：全是哈利不认识的字母和符号。银光就是由盆里的东西发出来的，哈利从没见过这样的东西。<u>他搞不清它是液体还是气体。它像一块明亮的白银，但在不停地流动，像水面在微风中泛起涟漪，又像云朵那样飘逸地散开、柔和地旋转。它像是化为液体的光——又像是凝成固体的风——</u>哈利无法做出判断。

J.K. 罗琳笔下的石盆发出明亮的银光，常青笔下的墙上发出"光雾"；前者发出的光似液体似气体，一连用了几个比方：像一块明亮白银不停地流动、像水面在微风中泛起涟漪、像云朵那样飘逸地散开；后者发出的光，有着同样迷幻的漂浮不定的特征。小作者也一口气用了几个比方：像是诡异的墨绿色墨汁里透着荧光、像是惨云淡雾中透出的阳光、像一个看不见的通往天堂的入口。显然常青写的绿光与《哈利·波特与火焰杯》里的银光，有着似有似无的联系，这个"有"，是启发，这个"无"，是自己的创造。

所以，阅读，不一定能写好作文，但没有阅读的量，一定写不好作文。读与写的关系是，通过大量阅读，儿童的思维结构得到训练，在头脑中逐渐形成一种"语感"，也就是对书面语言的一种领悟。词语的使用，句与句连接，段落之间的衔接和过渡，乃至文章情节的展开，都逐渐掌握后，这种能力在写作中才能得到迁移。

教你一招：

1. 精读一套书

朋友十岁的孩子迷上了东野圭吾的小说，如饥似渴地阅读，孩子说："东野圭吾是我活到现在，第一个崇拜的人。他的书我要留给子孙后代。"朋友喜忧参半，喜的是，孩子喜欢读书了，忧的是，东野圭吾小说并非经典作品。

我说，孩子能找到喜爱的作家，这本身就是件让人庆幸的事情。家长要抓住这个机会，特别关注孩子的阅读，倾听孩子讲述他的读后感，如果可能，家长最好也一起阅读，和孩子共同探讨。

看似只是精读了一本书，但对孩子写作的好处，绝非一本书这么简单。反复阅读一本书，孩子首先突破了看热闹的浅阅读层面，进入深层阅读：作家喜好的用词用语、作品的架构、节奏、风格特点、人物性格怎样缓慢发展、故事怎样不断推进、人物怎样对话等等，这些都需要在反复精读的基础上，才能内化为对作品的认知，再通过不断练习、模仿，渗透进自己的写作当中。

2. 阅读与阅历，终会化入写作中

阅读与阅历，都是生活经验，只不过一个是间接经验，一个是直接经验。直接经验也好，间接经验也好，都是孩子写作的信息库。作文时，调动和激发孩子储存的信息，再组合连接，把经验转化为书面语。

家长切忌过于急功近利，孩子浏览过的书、游历过的景，不会立即落实到纸面上，它有个复杂的信息处理与转化过程，静静等待那个触发的点一到，这些信息便能汇成文章了。

你用对写作工具了吗？

我们常说，会说话，就会写作，也不尽然。只要智力正常，四肢健全，没有人不会说话，但并非人人都能写作。思维、口语、书面语之间相互转换，需要长期学习、持续训练，是更复杂的思维活动。

在大学里教授写作，我就发现有这样一类孩子，讨论和演讲的时候，逻辑清晰、口齿伶俐，一提起笔，似乎变了个人儿似的，逻辑混乱、用词不当、表述不清。另一些学生则恰恰相反，写作周密详实、一泻千里，发言时却结结巴巴、乱无头绪。这可能与个性有关，也可能与孩子擅长的表达系统有关，有些擅长口语表达，有些擅长书面表达。

写作，不能一开始就让孩子捉起笔来写，根据孩子各个阶段的思维特性与写作特点，我摸索出不同年龄阶段，要启用不同的书写工具。

引导孩子用"口"说出来

孩子五、六岁的时候，可以让他讲故事，讲自己经历的事情也可，转述别人讲的故事也可，看了某动画片或书籍而半加工的故事也可，孩子自己虚构的故事也可。在讲述的过程中，孩子的大脑高度集中、飞速旋转，调动大脑细胞，边想边组织语言，整理着他要讲的故事。这个阶段的孩子讲故事，不追求合情合理，不在乎有无逻辑，只要好好地做一个安静的听众，就可以了。

借给孩子一双"手"记下来

幼儿园大班或者小学一、二年级时候，如果孩子认的字儿不多，当孩子讲述他的"创作"的时候，我建议你不妨当个记录员，他一边讲述，你一边记录，这是口语向书面语转换的第一步。

记录结束后，再读给孩子听。这样做的好处，一是他发现自己说的话变成了文字，很神奇。至少在儿童看来，文字还是很神秘的，如果当他看到自己的"创作"变成文字，会对文字产生亲切感。原来文字没有那么高不可攀，如果听起来还相当不赖的时候，他就会有继续创作的信心。二是无形中发生了信息的几波转换。记录孩子讲的故事，这是把孩子的口语转换为书面语；朗读，这是把书面语转换为口头表达。孩子讲述中，有可能停顿、卡壳，经过你的引导后会继续讲下去，也可能突然插进别的话题，你得把他的思绪拉回来，也可能他还有"嗯""啊""就是"等过渡口语，你的记录，不是机械记录，可以适当做一点调整，至少让它文从字顺。孩子转而再听你朗诵他所说的话的时候，他会不自觉地对口语与书面语形式进行比较。这样，他对书面语和口语就有了初步的认识。

交给孩子一台"电脑"码作文

当孩子学会拼音，有一点文字基础，不满足于依靠父母这个"速记笔"时，就可以把他引到电脑前面，鼓励他把想说的话，用电脑敲打出来。

　　这是孩子第一次自己动手把口语转化成文字的过程。这个转化过程，无论怎样强调它的重要性，都不为过。尤其对于初学写作的孩子来说，写作是否有兴趣，今后能否写好，很大程度上取决于这个转换过程是否顺利。如果不顺利，那么写作对于某些孩子来说，可能是一生的噩梦。

　　打字，让孩子更舒畅、更准确地表达自己。我们知道，如果说话时总有人打断你，或者指出你语言的错误，你就容易走神，减少说话的兴趣，或者说话不连贯。写作也是同样道理。常青二、三年级许多小习作，都是在电脑上完成的。他很享受通过啪啪敲击键盘，随心所欲挑拣他需要的文字，畅快表达的过程。

　　首先，书写速度对于低年级孩子来说，是个大障碍。他要花费大量精力去回忆，尝试着写生词，还要按照严格的笔画顺序一笔一画写字，这大大影响了孩子表达的意愿。写字的速度远远跟不上他活跃的小脑筋。孩子大脑信息储存的能力不强，等他终于写出来十分钟前想好的一句话时，后面要写什么恐怕已经忘得差不多了。

　　其次，低年级孩子认字量非常有限，有限的识字量远远不能满足他的表达。原本他可以挑选他认为的最准确的词来表达，但由于不会写，只能退而求其次选用别的词，这在一定程度上影响了表达的准确性。常青三年级写作文的时候，有想用的词，但不会写。刚开始我们建议他用拼音来代替，毕竟表达是第一位的，生字见面多了，自然就会写了，结果遭到了老师的批评，"三年级不能用拼音代替汉字"。我们只好另寻他法，用会写的近义词来代替。如果总是被不会写的字绊住，影响了写作的顺畅与进度，这将大大挫伤孩子写作的积极性。

但在电脑上写作，这一切障碍就奇迹般地消失了。有一个现象常被人们忽略。孩子开始写作时，他已经能认识很多字了，只是不会写而已。那么用拼音输入法，可以很好地解决这个问题。联想字库，就像成千上万个等待被挑选的玩具一样，孩子可以随心所欲地在联想字群中找到他最需要的汉字。常青在四年级写作小说时，我们就交给他一台电脑，写作效率瞬间提高，他常常一边看着 word 文档底下那个小小的页面统计数字，随着他啪啪敲击电脑的声音而不断上升，一边兴奋地大喊，向我们汇报他的写作进度，"又写了 800 字……现在有 900 字了……"。这种高效率的写作速度，是手写作文无法比拟的，而它带来的写作的成就感与快乐感，更是手写作文无法替代的。在他的小说中，我看到了一些笔画复杂、甚至有些生僻的字，如果让他用笔书写，一定写不出来。

电脑写作解决了生字不会写、用词受限制、写作速度慢等问题，极大地提高了写作的进度。并且让人惊异的是，常青两万字的小说，错字率却极低。有些人可能会担心，这样会不会影响孩子写字的能力。这一点大可不必担心，在汉语的环境里，每天读着大量的中文，认字只是个时间问题。

流利书写，需要长期训练。比如我在学习五笔字型输入法时，因为不熟悉，一个小时只能输入几十个字，但熟悉之后，打字就变成下意识的行为，不需要思考，就能自动输入了，这时候所有的精力自然可以用在写作上了。又比如，据调查，在美国 4-6 年级的孩子中，能流利书写的占 42%，书写速度至少要到 9 年级才能大幅提速。另外，不光是要写出来，还要在笔画上、结构上、整洁度上严格要求，这都加大了孩子写作时的难度。男孩子普遍在书写质量上不如女孩子。一年级孩子写英文字母，女孩子速度是每分钟 21 个，男孩子每分钟只有 17 个；9 年级，女孩子每分钟能书写 121 个英文字母，男孩子每分钟则是 114 个。

直到书写文字成为下意识的、自动书写的阶段，孩子写作就能从电脑转移到纸上了。当孩子已经爱上写作，接下来的事情，就水到渠成了。你还会为孩子写不好作文而发愁吗？恐怕他要埋怨老师限制的字数太少，不能尽情发挥他的写作才能呢！

无论哪种写作工具，无论多么好的理论，如果不"写"，一切都是空谈。小学生认知方式、句型使用、词汇选择，都需要通过各种材料的写作"演练"，才能得到发展。最终，儿童才可能爱上写作，并受益终身。

教你一招

儿童写作，用的"笔"不一样

1. 口述阶段。学前儿童，家长做好听众，适当引导，让孩子把想法说出来。

2. 听记阶段。初入小学，孩子边讲述，家长边记录，把孩子的思想变成文字。

3. 电脑写作阶段。当儿童系统学习了拼音，认识一定数量的汉字之后，交给他一台电脑，用拼音输入法、联想字库，让孩子在电脑上写作。

电脑是儿童在还未掌握大量的汉字之前很好的一枝"笔"，免去了许多纸质写作时的困难。写作速度更快了，不必总停下笔苦想不会写的字。选词更准确了，儿童在联想字库里能自由选择他愿意使用的精准词汇了。

4.纸上写作阶段。当以上这些阶段顺利渡过，写字不再成为障碍时，孩子自然而然就喜欢上了纸上写作。写作，原来是如此美好的一件事情。